AF495200

# GAÎTÉS
## D'UN
## BÂTARD DE MIRABEAU.

## *AVIS.*

*Ce volume est le treizième de la collection du citoyen* MERCIER *de Compiègne, dont la notice est à la fin du* Breviaire des jolies femmes.

# ÉLOGES DU POU, DE LA BOUE, ET DE LA PAILLE,

DÉDIÉS A BIEN DE GENS;

Et autres Pièces, traduites du Latin,

PAR C. MERCIER de COMPIEGNE.

A PARIS,

Chez FAVRE, Libraire, Palais-Egalité, Galeries de bois, N°. 220, aux neuf Muses.

AN VII.

# CONTE

## *Pour servir de Préface à l'Éloge du Pou.*

DANS le tems où les politiques, en bonnet de laine, se mouchaient sur leurs grandes manches au milieu de la place publique, et rapaient leur tabac sur la fossette, entre le pouce et l'index, un savant vint s'établir dans un hameau de la Picardie, sur les rives de l'Oise. Son meuble et sa garderobe annonçaient ce qu'il était. Il portait, comme Bias, tout avec lui, et n'était aucunement chargé ; une main de papier, un écritoire dans une poche, un Corneille Agrippa et un microscope dans l'autre ; la plume en sautoir dans la gance du chapeau, voilà son meuble. Sa bourse ne craignait rien des voleurs ; son vêtement demandait une place à l'hôpital. Un paysan l'accueillit et lui donna un coin de sa grange pour muséum, et le savant y etablit son observatoire. Dans un temps ou les plus hupés ne savaient pas lire, il était le dieu, la lumière et la Sorbonne du pays. Il n'avait pas de besoins, il était heureux; sa conversation le rendait cher au pâtre qui lui donnait généreusement un asyle, et ses conseils payaient son gîte au centuple: il enseignait les garçons du hameau; donnait des avis aux filles, pour rendre fidèles leurs amans, et pour qu'elles devinssent de bonnes mères de familles; il faisait le bien et il était aimé; chose rare!

Tout allait bien, lorsque la mort s'avisa de faire attention à lui. Elle eut raison, puisque l'aveugle fortune l'avait oublié. Notre savant fut pleuré, regretté, enfin enterré; car le bon cultivateur avait d'abord pensé à lui rendre ce devoir avant d'examiner, comme cela se pratique, si les possessions du défunt pourraient couvrir les frais du convoi, qui montaient à cinq besans; et il

née d'une manière indéchiffrable. Heureux dédain qui nous procure le morceau rare et précieux que l'on va lire !

Restait le microscope soigneusement niché dans une moitié de sabot qui lui servait d'étui ; on le place sur le pétrin, et les inventorians se grattent la tête pour lui trouver un nom et un usage : vains efforts ! quand tout-à-coup, ô surprise ! ô terreur ! un objet monstrueux, épouvantable, s'offre à leurs yeux dans le microscope ; on s'enfuit, mais le plus hardi revient, examine, on rougit, on s'enhardit, on discute, les poils se dressent sur la nuque chenue des deux hommes noirs ; enfin il est décidé après un savant et mûr examen de quatre heures, au milieu du hameau que la nouvelle d'une trouvaille si extraordinaire a rassemblé ; il est, dis-je, arrêté que cet objet hideux, et qui est animé, ne peut-être autre chose que Satan en personne, et que c'est le démon familier de notre docteur défunt ; or, qu'ils avaient ensemble des relations très-intimes; là-dessus grand bruit, scandale affreux. En effet, dit le curé, je ne l'avais jamais vu à la messe, mes sermons ne lui plaisaient pas; il prédisait la pluie et le beau temps, ce n'est pas étonnant que les moissons de Georget étaient toujours si bonnes; ils étaient complices. Il voulait avoir plus d'esprit que moi, disait le bailly: enfin il n'y a plus de doute, il a escroqué une place au cimetière. Le pauvre Georget a donné asile à un sorcier; il se sauve de l'excommunication, moyennant une amende de la valeur de douze écus; mais le docteur ne peut décemment rester en terre sainte, et fraternellement on se donne la peine de l'exhumer pour le jetter à la voirie; on choisit heureusement, au refus de tous les autres, le champ de Georget, où le cadavre du savant lui fut encore utile en lui fournissant un engrais. Ainsi voulait être enterré Diogène, avec un bâton à côté de lui; ainsi je voudrais l'être, pour être, après mon trépas, encore utile à mes semblables. Georget pourtant eut le courage de couvrir ses dépouilles d'un peu de terre, et de verser sur son ami quelques pleurs.

O sort des lettres ! ne corrigeras-tu point ceux qui aspirent à l'être; mon exemple pourrait achever la leçon, mais trève de réflexions; le lecteur sensible saura les faire sans moi; revenons à mon histoire, et disons quel était ce monstre, ce démon... car on ne la pas deviné... c'était un POU; et le manuscrit? c'était l'ELOGE DU POU, que vous allez lire, lorsque vous aurez avec moi payé le tribut à l'humanité par deux larmes, une pour le malheureux savant, et l'autre pour l'homme bienfaisant, le pauvre Georget, qui l'avait recueilli dans sa misère.

C'est de ce dernier que je tiens le manuscrit; son amitié pour le savant lui faisant desirer que son nom devint célèbre par mes soins.

## HISTOIRE NATURELLE DU POU.

LE *pou* est une vermine qui s'engendre sur les animaux, qui les pique, les mord et leur suce le sang. Il y en a une belle figure dans la micrographie de M. Hoock; elle est longue d'un pied, telle qu'il la vue avec son excellent microscope.

Le *pou* a un groüin fait comme celui du pourceau; ses yeux sont derrière ses cornes; il a plusieurs pieds et des griffes garnies d'écailles, qui entrent les unes dans les autres, comme celles des écrevisses; il a un grand nombre de veines thoraciques, qui paroissent à travers sa peau, qui est diaphane et déliée comme de la corne; il a sur le ventre une peau marquetée, avec un point ou une tache blanche, agitée d'un continuel mouvement du haut en bas, et de bas en haut, qu'on pourrait prendre pour le cœur; on remarque à travers l'écaille plusieurs vaisseaux qui s'enflent par le sang qu'il suce avec son bec, et dont la digestion se fait si promptement, qu'on le voit bientôt changer de couleur; ce sang coule par ondes dans son estomac, avec tant de violence, qu'il oblige les excrémens des intestins à lui céder la place.

Borelli dit qu'il y a observé la circulation du sang par le microscope. Swammerdan dit que le *pou* a la peau luisante, que ses yeux et ses cornes sont environnés de poil; à l'extrémité de son bec on voit une petite éminence qui peut bien servir d'étui à son aiguillon, parce qu'il n'a point de bouche qui s'ouvre; au-dessus de sa poitrine, on voit sortir six jambes, qui se divisent chacune en six parties fort distinctes, dont la peau rassemble assez à du cuir de chagrin; leur dernière partie est armée de deux ongles ou pinces d'inégale grandeur; sur le dos on voit des incisions en forme d'anneaux, des poils et des marques comme celles des verges, sur le corps de ceux qu'on a fouettés.

Il y a aussi un *pou aquatique*, qui se trouve dans les réservoirs d'eau de puits. Il a été dépeint par Godard, et amplement décrit par Swammerdan; il est fort différent de l'autre; sa couleur tire sur le rouge, et il s'en trouve une si grande quantité dans les fossés remplis de fange et de boue, qu'il semble que l'eau soit changée en sang, et c'est de là qu'est venue l'erreur de ceux qui ont cru qu'autrefois il avait plu du sang.

Dans le Mexique, le tribut était si universel, que les pauvres qui n'avaient rien à donner payaient avec des *poux*; on en trouva quantité de sacs pleins dans le trésor du roi Montézume, quand les Espagnols le pillèrent; la même chose s'est pratiquée dans le Pérou, afin que personne ne pût se prétendre exempt de payer le tribut, ou afin d'obliger les pauvres à se nétoyer de cette vermine.

Dans le Brésil on trouve des animaux qu'on nomme *poux* de *Pharaon*, qui entrent dans les pieds, entre la chair et la peau, deviennent en un jour aussi gros qu'une fève, et font une plaie qui pourrit le pied.

Il y a aussi le *pou* du pou; Swammerdam dit que tous les insectes ont leur vermine.

Il y a aussi une herbe aux *poux*, qu'on appelle *pédiculaire*.

On dit proverbialement d'un *gueux* qui est pourvu d'un emploi lucratif, que c'est un *pou* affamé : qu'il y en a de cette espèce aujourd'hui ! . . . .

*Nota.* Les phrases placées entre deux guillemets dans l'éloge suivant, sont du traducteur, et ne se trouvent pas dans Daniel Heinsius.

# ELOGE DU POU,

*Traduit du Latin*

DE DANIEL HEINSIUS.

C'EST une chose reconnue de temps immémorial, que le préjugé est une maladie terrible dont la force est si grande, que quand elle a pris possession d'un être quelconque, elle le tient comme enchaîné, le maîtrise et ne lui permet plus de lever les yeux vers la vérité; mais ce qui doit surtout exciter notre compassion et nos regrets, c'est que non-seulement ce préjugé tient le peuple sous le joug, mais encore il devient le régulateur et l'arbitre des suffrages et des jugemens dans les circonstances importantes où il s'agit du salut des mortels, et nous conduit presque toujours dans un chemin tout opposé à celui que nous devons suivre ; quel est l'homme, si sot et si lourd qu'il puisse être, qui ne conviendra pas que voilà précisément ce qui se passe à l'egard de celui dont j'entreprends ici la défense.

Le *pou*, cet animal le plus noble de tous, le plus constant et le plus fidèle commensal de l'homme, dont il a l'honneur d'être engendré ; ce compagnon de ses lares et de ses pénates ; ce sage cosmopolite qui s'attache à tous les humains, sans distinction de mœurs et d'opinions religieuses, n'est-il pas injustement méprisé, opprimé par ces mêmes humains, pour prix de son attachement ? ne le chasse-t-on pas non-seulement de la terre et des eaux, mais encore de la seule partie du corps où il a placé sa vie et sa fortune ? « O sort des Aristides, des Coriolan, es-tu fait pour mon héros qui jamais ne se mêla des affaires politiques ? »

Si quelqu'un cherche la cause de cette atroce persécution, il la trouvera sans doute

doute dans le préjugé ; il importe donc à la gloire et à la conservation de mon client, que je le déracine de votre cœur : pour y réussir, il me suffira de vous développer ses vertus et son utilité.

On prétend d'abord que son nom est vil ; quel étrange aveuglement ! ô dieux immortels ! quel blasphême ! ceux qui sont versés dans le langage de Virgile et de Varron, savent bien que son nom est formé dans cet idiôme, du mot qui désigne la partie la plus honnête du corps humain ; je veux dire le pied, (1) en employant toutefois le diminutif, comme cela se fait ordinairement quand on veut louer ce que l'on aime. Certes, ce nom n'a rien de plus déshonnête en soi, que ceux d'Œdipe et de Polype : admirez donc la terrible influence du préjugé ! Je ne parle pas de la queue des fruits et des fleurs, que l'on appelle aussi de son

(1) *Pediculus*, nom du *pou* en latin, signifie en même-tems petit-pied ; il signifie encore la queue des fleurs ou des fruits.

nom en latin. Mais, est-on désagréablement affecté quand on parle des montagnes de la Pouille, des champs fertiles et des fleuves de la Pouille, des peuples de la Pouille? « Est-ce par mé» pris que nous disons la Champagne » *pouilleuse*?» Les romains cherchaient à donner à tout des noms illustres; les grecs ont donné à mon client le nom qui désigne sa noble origine, c'est-à-dire, celui de la cervelle, ce laboratoire de la raison humaine; et certes il n'a jamais pensé à se choisir lui-même un nom, car il eut pris également tout autre qui aurait été propre à la barbe et aux sourcils des Stoïciens, où il fit jadis sa demeure.

La plus grande partie des philosophes et des grands orateurs s'énorgueillit de la contrée qui leur a donné le jour, et en prend le nom, comme Platon en a donné un exemple; mon client, plus modeste, ne se vantera pas d'être né à Rome ou à Athènes, dans ces cités pompeuses, dont on nous a fait les panégyriques jusqu'à la satiété; la patrie de mon client, c'est l'homme, et l'on sent que ce serait une folie que de vouloir ici faire l'éloge de ce dernier.... On ne niera point qu'il est seul doué de raison, et que cette raison dont il fait tant parade, ait pris la tête pour sa demeure, comme la partie la plus élevée et la plus noble de l'édifice, qu'elle a choisie pour y être logée, comme dans une forteresse respectable; c'est donc là que mon client a fixé ses penates, sa fortune et ses habitudes; il en est le citoyen, et le choix qu'il a fait de ce domicile, prouve évidemment et sa sagesse et son bon goût.

Un poëte ancien a dit avec beaucoup de sens, qu'il n'y a rien de meilleur qu'un bon voisin; mon client a trop d'esprit pour ne pas le savoir; aussi l'a-t-il prouvé en s'établissant dans le voisinage de l'imagination, du bon sens, de la prudence, de l'esprit et de la mémoire. « Il s'est donné bien de garde » de s'approcher du cœur ; ce dernier » nous faisant faire tous les jours trop » de folies ; non, c'est la tête seule qui » lui convient. » Aussi l'âne, qui est privé de tous les avantages que je viens d'énumérer, n'a-t-il pas l'honneur de compter les poux parmi ses locataires.

Les plus sages mortels ont placé après l'homme, le chien et le rossignol, parmi les êtres qui possèdent le plus d'instinct et de raison ; ce qui vient à l'appui d'un axiôme d'Homère et d'Aristote, qui dit que les semblables se cherchent et sympatisent. Platon est le seul dans l'antiquité à qui l'on ait décerné la glorieuse épithète de DIVIN ; or, observez bien ceci, tout ce qui touchait cet homme divin, doit participer à sa gloire ; les poux qu'il avait doivent nécessairement être compris dans l'apothéose : il n'y a point de milieu. Je ne parlerai pas des philosophes Alcmanès et Phérécydès, qu'ils ont aussi fidèlement accompagnés jusqu'à la mort.

## ANTIQUITÉ DES POUX.

La république des poux, semblable à celle des Israélites, est répandue sur tous les points de la surface, et divisée en plusieurs colonies. Les plus nobles logent sur la tête, les autres sur les habits, dans la barbe et dans les sourcils, mais tous, à dire vrai, ne sont pas de la même espèce.

Si vous voulez connaître leur ancienneté, elle remonte plus haut que celle d'Erichtée ou de Cécrops. Elle date de Deucalion même; car aussi-tôt que les pierres jettées par l'époux de Pyrrha commencèrent à s'animer, en se saturant de ce fluide igné qui donne l'être, mon client nâquit de cette chaleur et se choisit une patrie.

Examinez donc maintenant que l'homme est né d'une pierre (et il ne dément pas son origine), et que si le Pou est né de l'homme, sa noblesse l'emporte autant s[illegible] celle de son père, que celui-ci l'emporte, dit-on, sur les pierres et sur les rochers insensibles. Aristote prétend que le Pou est engendré de la chair; Théophraste dit qu'il est formé du sang; et tout le monde convient que la noblesse de l'une de ces choses ne céde en rien à celle de l'autre : quelques-uns prétendent qu'il est le résultat de la corruption; ils pensent que cette assertion calomnieuse peut obtenir quelque crédit, pour avilir mon innocent protégé, mais j'espére que l'ignorance ne l'emportera point sur la vérité dont je suis ici l'interprête. « N'est-ce pas avoir déjà beaucoup gagné que d'avoir montré que le Pou est un être si important, qu'Aristote, Théophraste et autres savans ont fait de lui la matière d'une grave et savante discussion ? »

Ce qui arrive dans la formation de l'homme lui est commun avec tous les autres animaux. La semence est formée de la corruption du sang. L'homme et tous les autres êtres créés se forment de la corruption de la semence. Admirez l'éclatant plumage de ce paon ; est-il rien de plus beau que toutes ces vives couleurs de l'arc-en-ciel qui se peignent sur sa queue, l'égale du soleil ? Eh bien, il naît de la putréfaction d'un œuf. Quel animal est plus industrieux et plus sage que l'abeille ? quel être est moins laid et plus utile ? elle naît pourtant des entrailles putréfiées du bœuf, si l'on en croit Virgile.

La nature ne reproduit rien, sans soumettre l'être primitif aux lois de la putréfaction. La conservation en est le but et le résultat. Tout change, tout se combine et se modifie différemment, mais rien ne meurt, a dit Pythagore. C'est principalement à deux animaux qu'a été accordé ce rare privilège ; ces deux animaux illustres et privilégiés sont le Phénix et le Pou. L'un naît de sa cendre ou de celles de son père, comme vous voudrez ; l'autre naît de sa lente, qui est la même chose. Ce n'est donc pas sans raison que les plus grands écrivains confondent l'origine de ces deux animaux. Si vous admettez, avec Aristote, qu'une lente ne produit rien, il faudra convenir que la divinité elle-même, ou que cette puissance éternelle qui la remplace, est le premier auteur de mon héros; nous attribuerons sa naissance au concours nécessaire du calorique universel, que les Arabes disent le principe de tout ce qui existe, avec la chaleur naturelle qui est le générateur du Pou.

Si vous examinez l'éducation de mon héros, vous le voyez, aussi-tôt qu'il jouit des bienfaits de la lumière, déjà au fait de tous les moyens nécessaires au soutien de son existence. Combien l'homme, si vain, est-il au-dessous de lui, de ce côté-là? Le Pou ne nage point, parce qu'il est destiné par la nature à n'habiter que sur le continent. Aux dieux ne plaise qu'il perde son tems et s'use dans les travaux des belles-lettres et de la philosophie : il sait trop bien que tous ceux qui ont excellé dans cette honorable carrière en ont très-peu profité pour être plus vertueux ; mais occupé plus modestement des soins domestiques, il emploie à la contemplation tout le temps qu'il ne donne pas à se nourrir. Sa frugalité, la facilité avec laquelle il trouve sa nourriture, le rend assez semblable à ces dieux qu'Homère nomme *Reiazontas*. En effet, il ne cherche point sa vie ; partout où il dirige sa course philosophique, il prend ce qu'il trouve, sans frais et sans appareil. Il ressemble aux divinités dont Homère a dit : *Ils ne mangent point de pain et ne boivent point de vin.*

Les Poux ne labourent point la terre ; ils piquent et mordent légèrement la chair humaine. Si vous examinez ses formes extérieures, l'architecte de la nature lui a donné des membres si déliés, si petits, qu'ils échappent à l'œil, chose qui lui est commune avec les indivisibles ; les infinimens petits, et ces atômes dont la réunion a formé notre univers, suivant le systême de Leucippe, de Démocrite et d'Epicure.

Le Pou s'est fait une douce habitude de la vie tranquille et sédentaire. Il ne vole pas, comme les oiseaux ; il n'e saute point, comme les puces. Il a cette marche grave et circonspecte qui annonce la décence et la dignité consulaires. De toutes les vertus pratiquées par les philosophes de l'antiquité, aucune ne lui est plus familière que le silence prescrit par Pythagore. En effet, rien n'est plus opposé que le bruit à cette méditation, qui, lorsqu'elle n'est jamais interrompue, est au-dessus de la félicité humaine.

Le Pou ne reste pourtant pas dans une inaction absolue, car il mange continuellement. Il est ami de l'homme, et l'emporte même beaucoup sur lui, pour l'attachement et la fidélité. Tout le monde sait que les amis tournent le dos, aussi-tôt que les tonneaux sont à sec ; mais le Pou, incapable d'une telle lâcheté, vient vous trouver à cette époque, et reste avec vous. Il ne s'accroche point au nouveau parvenu, il ne s'éloigne pas du malheureux rentier. Sa générosité est si grande, qu'il se plaît davantage avec ce dernier. Il évite le barreau et les palais somptueux des grands.

De même que le vertueux Scipion n'était jamais moins oisif, que quand il n'avait rien à faire, de même, chers lecteurs, je ne vous croirai jamais moins seuls, que quand, abandonnés de la foule des parasites et des faux amis, vous vous trouverez seuls, sans appui, sans consolations, dans les fers, et environnés des ombres de la nuit, dans l'effrayante solitude des cachots. Ah ! c'est dans cette situation terrible que les Poux signalent leur héroïque dévouement à la cause des infortunés, qu'ils accompagnent jusqu'à l'échafaud.

C'est surtont sous les aisselles, dans

la barbe, sur les sourcils qu'ils établissent leur cuisine, et quelque place qu'ils aient choisie, ils la gardent jusqu'au dernier soupir. « Plus sages que les
» hommes qui consument une vie si
» courte, en voyages qui ne les rendent
» pas meilleurs, ni plus riches, ni
» plus instruits, ils savent la vérité de
» ce proverbe latin :

» *Cœlum, non animum mutant qui trans mare*
» *currunt.*

» et restent dans la sphère où les a
» placés la nature. Leur patrie est pres-
» que toujours leur tombeau. Le gra-
» cieux Chaulieu avait leur philosophie.
» Quel est l'homme qui ne sera pas
» ému en lisant ces vers délicats :

Muses qui dans ce lieu champêtre
Avec soin me fites nourrir,
Beaux arbres qui m'avez vu naître,
Bientôt vous me verrez mourir.

» Avec quel charme en effet se retrou-
» ve-t-on sur la fin de sa carrière, au
» port d'où l'on est parti, pour la com-
» mencer ?

» mencer ? Ce que je vais raconter des » Poux paraîtra plus étonnant encore et » au-dessus de la croyance. »

Les plus célèbres historiens ont écrit que les infortunés Troyens furent abandonnés des dieux qui les protégeaient, lorsque les Grecs eurent mis le siége devant leur ville ; il en est de même des Poux, ils se retirent lorsque leur hôte, abandonné des médecins, ne laisse plus aucun espoir de le soustraire à une mort prochaine. Aussi ce simptôme n'a-t-il jamais trompé les médecins savans et les philosophes ; ce qui a fait dire à quelques-uns que les Poux avaient, comme les augures et les haruspices de Rome, le talent de la divination.

Si vous considérez la petitesse de leur corps, vous ne croirez jamais qu'ils aient rien produit de grand, et qu'ils se soient distingués par de belles actions, mais vous changerez d'opinion quand je vous aurai cité au hasard quelques traits de leur puissance et de leur héroïsme. « Certes, on peut avec raison leur appliquer ce que Virgile dit des abeilles :

*Ingentes animos angusto in pectore versant.*

Il est vrai que, soit modestie de la part des Poux, comme je le présume, soit insouciance ou occupation à d'autres soins, ils ont négligé jusqu'ici de consigner leurs exploits dans nos annales.

Ce Sylla, souverain de la terre, qui deux fois vainquit Mitridate, et le farouche Marius, qui détruisit l'orgueilleuse Athènes, et remplit toute l'Italie de pleurs et de sang ; eh bien, ce tyran redoutable, à qui rien ne résista, ne put résister à la valeur des Poux, et mourut accablé de leur nombre et de leurs morsures, vengeresses de ses forfaits. Parlerai-je des Arnoulphe, des Antiochus, des Hérode, des Maximinien, des Phérétimes ; des Cassandre, des Honorius, et autres despotes qui ont rempli l'univers des tristes monumens de leur puissance, et que celle des Poux a dévorés ? Parlerai-je des généraux, des hommes de lettres, et des particuliers sur lesquels ils ont remporté la victoire, sans employer le fer et la multitude des troupes ? ce qui leur donne le droit de dire, avec justice, qu'ils domptent les tyrans même qui domptent les autres hommes, et que par conséquent ils sont plus grands qu'eux.

On aurait mauvaise grace de dire que le Pou n'est pas humain avec ceux qui lui donnent l'hospitalité. Il ne pique point, il ne blesse pas, mais il mordille voluptueusement, de sorte que, comme le dit fort bien Socrate, dans son PHÉDON, vous êtes dans l'incertitude pour définir si la sensation que vous éprouvez n'est pas plus voluptueuse que douloureuse, à moins que cette volupté ne soit l'effet de la douleur même. Je dirai plus : je suis persuadé que cette titillation vous en est si agréable, qu'elle est aujourd'hui, chers rentiers, le premier et le plus doux dédommagement de votre mauvaise fortune, et l'assaisonnement de votre disgrace, si je puis m'exprimer ainsi.

Plus d'une fois même, j'ai admiré avec quelle douce et entière abnégation de vous même, avec quel tressaillement d'ivresse, quelle extase délicieuse vous vous grattez ordinairement, tantôt le dos, tantôt la tête, tantôt les flancs, ou toute autre partie du corps, quand cet hôte caressaat y a établi sa demeure. Si le plaisir, au rapport de Platon, est un état de réplétion, il naît aussi de l'inanition : or il serait étonnant que vous puissiez attribuer à un autre objet qu'à mon client, le plaisir si parfait que vous trouvez à vous gratter. « Quelle somme de jouissances incalculables a dû savourer l'heureux Job, celui de tous les humains que mes cliens ont le plus affectionné et le plus constamment accompagné, lorsqu'assis sur son fumier, il en raclait avec un têt, les escadrons amoncelés sur ses plaies! » Ce qu'il y a de plus singulier, c'est qu'en vous sillonnant la tête avec vos ongles, et vous grattant l'épiderme, vous donnez naissance à mon client, au-lieu de le rayer du nombre des vivans. Si vous demandez la cause de ceci, je vous renverrai aux philosophes. Les médecins des princes vous diront que ce n'est jamais que sur les meilleures têtes que les Poux s'évertuent en plus grand nombre». Quel est donc celui d'entre nous qui ne desirera pas, d'après cet exposé, d'en être abondamment fourni, puisqu'ils sont la preuve du bon sens et d'un génie supérieur?

Ce serait ici le lieu de vanter le courage du Pou, son sang-froid et sa présence d'esprit à l'approche de la mort. Voyez en effet mon client, placé sur le peigne fatal, le dernier monument érigé à sa gloire; il y fait quelques pas encore, et semble recueillir toutes ses forces, pour ne point compromettre par une lâcheté l'éclat de sa vie passée, et ne point survivre à sa propre estime. « Il me semble voir Annibal, qui, ayant sucé le poison enfermé dans son anneau, se promène tranquillement, en regardant avec fierté les phalanges romaines dont sa mort va tromper la vengeance. C'est Socrate encore s'entretenant avec ses amis, dans l'instant qui précéde sa dissolutiou. »

Il est certain que les grandes ames ne font rien sans de puissans motifs. César ne souhaitait rien tant que de finir sa vie par une mort subite; mais il ne s'attendait à rien moins qu'à celle qu'il reçut, quoiqu'elle fut à-peu-près soudaine, puisque, victime de ceux même des sénateurs qu'il avait le plus comblés de ses bienfaits, il tomba sous les coups nombreux de leurs poignards aiguisés par la haine et par la jalousie. Le Pou, au contraire, a du moins en expirant une dernière consolation, c'est que pour le mettre à mort, on emploie précisément ce mouvement du pouce, qui, chez les Romains, était la marque de la faveur et de l'approbation ; et la seule chose dont on doive le plaindre, c'est de mourir sans l'avoir mérité.

Que dis-je ? non, il n'est point à plaindre, il n'est pas si malheureux : car on ne peut raisonnablement donner ce nom à celui qui expire innocente victime de l'oppression. C'est ce que disait Socrate, entr'autres pensées sublimes, à ceux de ses amis qui pleuraient sur sa destinée, et lui prodiguaient des consolations à sa dernière heure.

Homère, dont la vaste et divine érudition embrassa toute la création, voulut en vain, dit-on, expliquer un énigme, sur la nature du Pou, avec lequel il avait toujours vécu très-familièrement, et mourut de chagrin de n'avoir pu y réussir. D'autres prétendent au contraire qu'il en parla avec trop peu de respect, et que sa mort fut une juste punition de sa coupable et sacrilège irrévérence.

Les grammairiens ont été de tout temps les plus fidèles amis du Pou, qui se plaît avec eux. Ils lui donnent l'hospitalité avec l'affection la plus paternelle. C'est à vous de juger maintenant quel parti vous ferez à mon client. Si vous aimez à punir, vous avez la commode ressource de la déportation, mais après l'avoir jugé. Vous pouvez alors le transplanter sur une plage étrangère, où il vivra comme auparavant, en ne changeant que de sol, sans rien innover dans ses mœurs et ses habitudes. Cette déportation n'est pas sans exemple, et il n'est jamais trop tard de s'y prendre, quand il s'agit de se bien conduire dans une circonstance d'un grand intérêt.

On raconte que chez les Indiens, les

plus sages des hommes, vous le savez, il existe une nation qui habite cette partie que l'on nomme *Guzarate*. Ces hommes de la nature sont peut-être les seuls sur le globe, qui, justes appréciateurs des admirables qualités du Pou, exercent envers lui l'hospitalité et lui rendent les honneurs dûs à une divinité. Comme la fécondité de mon client est presque miraculeuse, lorsque sa race est bien disséminée sur la surface de leur contrée, jusqu'à la quatrième génération, ils font venir du fond de leur desert un prêtre, qui, de ses mains sacrées, en prend un avec vénération, le met sur sa tête, et fait ensuite tout ce qu'inspire la plus tendre sollicitude pour opérer la multiplication la plus heureuse de ce dieu de nouvelle fabrique.

« Les Espagnols ne diffèrent pas encore beaucoup aujourd'hui de ces peuples ; la quantité de poux n'est pas une chose dont ils rougissent, et ils ne sont pas honteux de les chercher en public. L'auteur d'un voyage dans la Sicile, en 5 volumes *in-folio*, nous apprend qu'il est assez commun d'y voir à la porte des palais, des voyageurs espagnols des deux sexes, et de la plus grande condition qui, assis sur un banc, exposés au soleil du midi, se cherchent réciproquement leurs poux, et prennent beaucoup de plaisir à cette chasse. « Allons, rentiers, consolez-vous. ».

Il en est, parmi les Indiens dont je viens de parler, qui, ayant pris un Pou, le cachent avec soin dans un trou fait à la muraille, comme l'avare le pratique pour dérober son argent à la recherche de ses avides collatéraux ; mais si quelqu'un en leur présence s'avise de vouloir donner la mort au prisonnier ; prières, larmes, ils employent tout pour empêcher qu'un aussi grand crime se commette sous leurs yeux ; si ces tentatives sont vaines, ils rachètent au poids de l'or la vie de leur hôte chéri. Il est possible que ce fait ne soit point parvenu à votre connaissance, mais il n'en est pas moins vrai que vous pouvez me croire, et que cet exemple d'humanité doit exciter votre compassion et le noble desir de l'imiter.

Ah ! par pitié pour les ombres plaintives de ceux de mes cliens que la cruelle conversion de votre pouce a envoyés chez Pluton, ménagez ce qui en reste ; épargnez des infortunés, supplians, vaincus, sans défense ; vos amis, vos alliés, vos parens enfin ; ils sont votre sang, vos créatures, vos nourrissons ; ils vous aiment, s'attachent à vous, ne vous quittent pas, et sont toujours prêts à vous accompagner dans votre adversité comme dans votre bonheur ; prenez garde, surtout, qu'en suivant en esclaves les sentiers de la routine et du préjugé, vous ne perdiez tout-à-fait celui de la vérité, ou qu'en obéissant à votre propre impulsion, vous ne vous jettiez dans la carrière des crimes, dont le premier serait votre coupable indifférence pour mon innocent protégé.

*Fin de l'Ouvrage d'Heinsius.*

## NOTE SUR LA PIÈCE SUIVANTE.

Cette pièce également tirée de l'*Amphitheatrum sapientiæ Joco-seriæ*, cité dans mon *Éloge du Pet*, m'a été communiquée par mon estimable collègue E. T. SIMON, *de Troyes*, à qui nous devons entr'autres ouvrages utiles, un CHOIX DE POESIES, traduites du grec, du latin et de l'italien, contenant la Pancharis de Bonnefons, les baisers de Jean Second, ceux de Jean Vander Doës, des morceaux de l'Anthologie, et des poëtes anciens et modernes, avec des notices sur la plupart des auteurs qui composent cette collection; 2 vol. *in*-18, imprimés dans celle dite de *Casin*, en 1786.

Je saisis avec empressement cette occasion de rendre hommage aux lumières d'un littérateur, que les mêmes goûts, les mêmes travaux et la même société (celle d'institution) me permettent de cultiver plus particulièrement.

ORAISON

# ORAISON FUNÈBRE DU POU

## DU MOINE PUCCIUS,

*Mise en lumière par Guillaume Cantérius ; traduite du latin.*

QUOIQUE le Pou, mes frères, semble au premier coup-d'œil un animal immonde, et pernicieux sur-tout, parce qu'il fut autrefois la cause du trépas d'un grand nombre de personnages illustres ; tel cependant qui, après avoir surmonté sa répugnance, sera parvenu à connaître les vertus de cette petite bestiole, voudra sur-le-champ, j'en suis certain, devenir un pouilleux.

Je ne vous ai rassemblé dans ce lieu, mes frères, que pour vous exposer quelques-unes des vertus singulières de mon Pou ; mais affaissé sous le poids de la plus vive douleur, privé des talens de l'éloquence, je crains de rester trop au dessous de mon sujet; que n'ai-je en ce moment le mérite oratoire du divin Platon, du prudent Nestor, de l'éloquent Démosthène, ou la grace persuasive de Cicéron! Loin de moi cependant le projet coupable de vous persuader quelque chose de contraire à l'éternelle vérité! prétez donc à ma voix un peu d'attention pendant le court instant que je vais employer à vous décrire l'élégant animal qui réunissait toutes mes affections.

Mon premier devoir est de vous apprendre de quelle manière j'en suis devenu possesseur; j'étais au chœur, où je chantais les matines; soudain j'apperçois sur mon bras gauche ce précieux insecte, qui, pour la première fois, s'y promenait avec un air de confiance et de sécurité; je crus d'abord qu'en peignant Endimion, Hécate l'avait laissé tomber de la blonde chevelure de son amant jusques sur la terre. Je l'enlevai avec

blait déjà fort et robuste, je l'affranchis de sa prison. Il sortit de la boëte, et obtint la liberté de se promener à son gré dans ma cellule, portant à son cou une chaîne d'or, chef-d'œuvre de délicatesse et de légèreté, d'un artiste parisien : il n'exista jamais pour moi, mes frères, d'ami plus fidèle ; sa tendresse n'a pas un moment cessé de s'attacher à mes pas, et les caprices mêmes de la fortune ne lui donnèrent point l'idée de m'abandonner.

Les liens de l'amitié qui joignirent Achille et Patrocle, Nysus et Euriales, Pilade et Oreste, Lœlius et Scipion, étaient moins étroits que ceux par lesquels nous étions attachés l'un à l'autre. Tant qu'a duré cette charmante union, je me suis cru plus fortuné que Sylla, lorsqu'il touchait au comble de sa prospérité : une foule de curieux se pressait dans ma cellule pour y jouir de la vue de ce rare animal ; la neige n'égalait point en blancheur celle de sa peau ; il avait soin d'en écarter scrupuleusement tout ce qui aurait été capable d'en altérer la pureté. Quoique sa bouche fut armée d'un assez grand nombre de dents très-polies, qu'il étoit cependant difficile à l'œil le plus clairvoyant d'appercevoir, quand il aurait eu la perspicacité de ceux d'Argus, il avait pour mordre l'aversion la plus décidée, et détestait l'usage où sont ses pareils de s'abreuver de sang humain.

Si, par conséquent, tous les Poux de la terre avaient eu, depuis la création du monde, les mêmes inclinations que le mien, Sylla, Hérode, Phérécide, Acaste et bien d'autres, n'auraient pas servi d'aliment à leur voracité; mais convaincu que le trépas est un sort commun à toute la nature, je reproche moins au ciel le coup dont il l'a frappé, que la manière dont il en a reçu l'atteinte. Un si excellent animal ne devait point mourir de poison, quoique jadis Lucullus, Annibal, Lucrèce, Socrate,

Thémistocle, eussent terminé leur carrière par une catastrophe pareille et si fort au-dessous de leur mérite.

Ce fut alors, sans doute, qu'on aurait dû voir le soleil retourner en arrière, comme il le fit au festin de Thyeste; la terre s'entr'ouvrir jusqu'au plus profond de ses entrailles, comme à l'instant où elle engloutit Dathan et Abiron, et le ciel signaler ce forfait par tout le fracas de la foudre et du tonnerre; oui, l'enfer, cette source impure et détestable de tous les crimes, afin d'empêcher la race de mon Pou de se perpétuer, voulut le condamner à la mort; ô cruelle envie! toi qui, dans tous les siècles, as sacrifié tant de gens illustres à tes fureurs, c'est toi qui m'as causé cette perte irréparable; non, mes frères, non, la terre, les mers, n'offriront jamais à vos recherches un Pou de ce mérite; celui qui pourrait compter ses vertus calculerait facilement le nombre des abeilles de l'Hybla, des lièvres du mont Athos, et celui des grains de sable de la mer; enfin, je suis persuadé qu'un jour, il se manifestera dans le ciel une étoile nouvelle, égale à Vénus; et ce sera mon Pou, placé parmi les astres du firmament : alors et dans la suite des siècles, par sa bénigne influence, celui-là sera le plus fortuné des hommes, qui aura l'avantage d'être le plus pouilleux. ( *Amphit. sapientiae*, *p.* 77 )

# ELOGE DE LA BOUE

## *Traduite du latin*

## DE JEAN MAJORAGIUS

On remarque en mille occasions, citoyens, l'ignorance et l'aveuglement du vulgaire, dont le jugement inconsidéré l'éloigne quelquefois tellement de la saine raison, qu'il blâme ce qui paraît digne d'éloges, et loue avec excès ce qui devrait être blâmé à juste titre. En effet, combien en trouve-t-on qui préfèrent une nourriture agréable à une nourriture solide, ou qui préfèrent les maladies qui sont le fruit de l'intempérance, à la bonne santé qui est la suite de l'abstinence et de la frugalité ? Il en est de même de l'opinion. Chacun se laisse entraîner à sa propre idée et loue ce qu'il croit magnifique, en blâmant le contraire ; mais il en est bien peu qui saisissent, sous un véritable point de vue, la nature des choses. Presque tous se laissent séduire par les objets dont la présence leur fait supposer qu'ils sont utiles; ils n'examinent pas avec la même attention ceux qui s'écartent de leur sens. Si donc, il est prouvé que les hommes se laissent emporter à de fausses opinions, il ne faut pas mépriser sur le champ et oublier tout à fait une idée, parce qu'elle heurte l'opinion reçue. Quoiqu'elle paraisse absurde au premier coup-d'œil, à cause de sa nouveauté, la conclusion porte quelquefois sur un résultat agréable autant qu'utile : mais je m'apperçois que vous n'avez pas besoin de mes observations; vous brûlez en silence du desir d'entendre ce que j'ai à vous dire, sur la Boue, cet objet admirable, que sans doute vous regardez comme vil et méprisable.

La nature a voulu en effet que la curiosité des hommes fût éveillée par des nouveautés remarquables, et que leur esprit, après les avoir recueillies, fût affecté d'un sentiment de tristesse ou de plaisir. Pour moi, je n'aurai d'autre but, dans ce discours, que de vous faire non-seulement goûter, mais encore admirer ce que je vais vous y présenter. Si quelque divinité bienfaisante daigne me concilier votre bienveillance et votre attention, je tâcherai de vous prouver que rien n'est plus noble, plus précieux, plus nécessaire enfin, que la BOUE. La force de la raison et de l'évidence déracinera de votre ame l'opinion injuste que vous vous en êtes formée. C'est alors sans doute que vous accuserez d'inertie et d'insouciance, le génie de ces hommes célèbres qui, lorsque par l'ascendant de leur éloquence, ils pouvaient détourner le genre humain de mépriser un objet précieux et supérieur, ils ont mieux aimé consumer inutilement leurs loisirs à composer des bagatelles et des contes de vieilles, dans lesquels ils louent, l'un la fièvre quarte, l'autre la mouche, un autre enfin d'autres objets aussi ridicules. Ne s'en est-il pas trouvé recemment qui ont fait l'éloge de la folie, du scarabée, du hibou, et jusqu'à celui de l'âne, qu'on s'est efforcé d'élever jusqu'aux cieux?

Lorsque ces éloges eurent été répandus dans le public, il ne reste plus, dit un citoyen, qu'à faire celui de la boue. J'entendis ce mot, j'avais même eu déjà plusieurs fois occasion de repasser dans mon esprit tous les avantages de *la boue*; mais ce même homme ayant ajouté qu'elle mériterait à plus juste titre un éloge, j'embrassai soudain son opinion et l'appuyai avec chaleur. Mais, dira-t-on, à quoi bon employer ses talens et son génie, à traiter un sujet de si peu de conséquence? l'énergie de l'éloquence ne doit-elle pas être employée plutôt à la défense de l'innocent faussement accusé ? ou à arracher de l'esprit humain des opinions erronées, et des préjugés qui, comme Platon le fait dire très-sagement à Socrates, sont le plus souvent chez les hommes la source des maux et des désastres qui les accablent ? Je répondrai que c'est précisément cette dernière considération qui m'a fait prendre la plume, pour convaincre enfin les hommes, s'il est possible, que sur la surface du globe, rien ne surpasse l'excellence et l'utilité de *la boue* : ce que les siècles précédens ont toujours ignoré. Quoiqu'au premier coup-d'œil, cette assertion paraisse inadmissible, je me flatte que vous n'hésiterez plus de vous y rendre, lorsque vous aurez attentivement écouté mes raisons. Je montrerai d'abord l'origine élevée de la boue, puis son excellence, et enfin son utilité. Son origine est telle en effet qu'elle surpasse en ancienneté, en noblesse, toutes les productions de la terre. Pardonnez si ma bouche, remontant trop haut, vous

rappelle

rappelle l'histoire de l'antiquité, la grandeur de mon sujet ne me permet pas de borner la longueur de mon discours.

Avant que le cercle arrondi du ciel ne fût mobile, quand le genre humain n'existait pas encore, qu'il n'y avait ni hommes, ni animaux, ni arbres, ni fruits, enfin, aucun modèle de tous les objets que produit la terre; la terre, l'eau, l'air et le feu étaient entièrement confondus et dans une discorde éternelle. Le froid se battait avec le chaud, l'humide avec le sec, le mol avec le dur, le lourd avec le léger, jusqu'à ce qu'enfin, le génie de la création, éclairé par sa sagesse merveilleuse, découvrit de combien de choses excellentes ces divers élémens pouvaient être la matière, sous la main d'un habile ouvrier, et Dieu lui-même, étant un chef-d'œuvre d'intelligence, il prit ces élémens paisibles et tumultueux tout à-la-fois, mais agités et flottans au gré du hasard, les débrouilla et les mit en ordre. Le feu étant le plus léger eut le dessus, l'air le dessous, l'eau le milieu, et la terre fut au centre; afin qu'elle portât tous les objets pesans. C'est la terre qui voit naître et mourir tous les objets animés, muets ou parlans. C'est sur elle que s'opére cette succession continuelle des êtres, et leur métamorphose assidue. Tout est engendré de la terre, et tout y rentre; et, par ce changement perpétuel, cette corruption et cette génération qu'éprouvent tous les objets, ils sont éternels. Hé! va crier un censeur à qui ce que je dis paraît plus antique que l'empire du vieux Saturne, à quoi bon ces vieilles histoires dans l'éloge de la boue? certes, ce n'est pas sans raison que j'ai remonté si haut, car, cet élément, appellé terre, qui engendre tout; cet élément placé au milieu du globe, comme le lieu le plus honorable, qui nous engendre, nous porte, nous nourrit; cet élement, enfin, qui est la demeure la plus agréable, non-seulement des hommes, mais encore des immortels; il est clair qu'il n'est autre chose que de la boue, et l'écume du ciel et des autres élémens. En effet, lorsque Dieu eut résolu de remplir le monde de toutes sortes de biens, et de n'y mêler aucun mal, tant que la nature le voudrait bien souffrir, il choisit le milieu du tout, comme l'endroit le plus propre à la génération, afin que le ciel lui-même, et les autres élémens, pussent épancher sur lui leurs inflences. De là vient que tous les objets solides et pesants sont attirés vers le centre. Or, ignore-t-on que la boue est très-pesante, et que le milieu du globe étant la terre, on peut conclure que cette terre n'est autre chose que de la boue. Pardonnez, si je me sers d'un langage trop philosophique. Le point est de savoir en ce moment d'où vient la boue, quelle est sa nature; et cette question une fois résolue, le reste ne sera plus rien; mais revenons à nos moutons.

Puisque la terre est au milieu, environnée des autres élémens qui lui servent de satellites, et lui communiquent tout ce qu'ils ont de lie, pour en faire des germes de création, on ne peut douter qu'elle ne soit composée de la boue et des excrémens des autres corps; mais ne voulant pas imiter les sophistes qui tirent ordinairement leurs argumens des propositions qui paraissent probables et ne le sont pas, c'est dans les plus graves auteurs que je chercherai la définition de la boue, pour en trouver plus aisément l'origine.

Depuis que le globe existe, quel homme a été plus grave, plus savant et plus divin que Platon? un seul mot de lui, vaut, selon moi, plus que le témoignage de cent autres. Ce grand maître en définitions fait dire à Socrate, dans le *Theotetos*, que la boue est un mélange de terre et d'eau. Quel est l'homme assez borné pour ignorer la prééminence de la terre et de l'eau?

l'eau n'a-t-elle pas été chargée par l'être suprême de veiller à la génération? rien, sans elle, ne serait produit. Non seulement elle nourrit les objets qu'enferme la terre, mais encore ces feux éternels appelés astres, car la plupart des philosophes sont persuadés que le soleil, la lune et les autres astres, sont entretenus par l'eau. La supériorité de l'eau est telle, que les dieux jurent par cet élément, qu'ils craignent de l'irriter. Thalès de Milet, un des sept sages, a dit que l'eau avait tout créé.

Mais, que dirai-je de la terre? n'est-elle pas la mère des hommes et des dieux? aussi la sage antiquité lui a-t-elle élevé des temples, et l'a-t-elle mise au rang des premieres divinités. Je me garderai bien de répéter les éloges nombreux que l'on a fait de la terre et de l'eau, vous les connaissez, sans doute; et il me suffit de dire que la boue leur doit sa noble origine. Examinons maintenant son excellence.

Non-seulement, elle ne le cède point à ses auteurs, mais il existe entr'elle et eux une distance infinie. En vain l'eau préside-t-elle à la génération, sa vertu serait nulle, sans son mélange avec la terre; or, ce mélange de terre et d'eau n'étant autre chose que la boue, on ne trouvera rien qui n'ait été engendré par elle. Otez la boue de ce monde, ce ne sera point ôter le printemps à l'année, ce sera éteindre le soleil et chasser du ciel les dieux. Rien ne naîtrait, tout périrait sur-le-champ. Qui a produit le genre humain, les animaux terrestres et aquatiques, ces arbres de toutes espèces, tant de fleurs variées, tant de fruits délicieux, tant de moissons, n'est-ce pas de la boue que tout cela est né? Si tout, au dire des philosophes, retourne à sa source, si tout ce qui meurt retourne en boue, la boue, on n'en peut douter, est le principe de tout, si nous ne sommes pas des physiciens de *plomb*, comme dit Cicéron. Qui ne connaît ce théotrême si vanté dans les écoles par tous les philosophes qui l'ont emprunté d'Aristote, ce grand interprête de la nature, que la mort et la corruption d'un être donnent naissance à un autre. Les philosophes, toujours en dispute pour d'autres systèmes, sont si bien d'accord sur celui-ci, qu'il est sans exemple qu'un seul ait jamais pensé le contraire. La boue étant le résultat de la putréfaction d'un objet quelconque, devient donc la mère de tout. De même que le potier de terre pétrit et façonne ses vases d'argile, de même la nature emploie la boue pour tout produire. Aussi, Agapetus écrivait-il à l'Empereur Justinien, que personne ne doit se pavaner de la noblesse de ses aïeux, parce que nous avons tous la même origine. Les rois, dit-il, les empereurs, les esclaves obscurs, tous sont fils de la même mère; c'est-à-dire, de la boue. Homère, cette source féconde de tout ce qu'il y a de grand et de beau dans chaque science, a dit la même chose ; lorsque Ménélas reproche aux Grecs d'être lâches et de n'oser en venir aux mains avec Hector qui les provoque à un combat singulier, il lui fait dire ces mots : *Vous n'êtes tous que terre et eau* ; Ménélas desire ensuite que les Grecs meurent et redeviennent terre et eau. Alexandre Aprodise a interprété de même cette sentence d'Homère. Epicharme de Sicile dit : il est retourné à l'endroit d'où il est venu ; c'est-à-dire, la terre à la terre, et l'ame en haut. Aristote, dans sa rhétorique, nous apprend qu'autrefois, ceux qui se rendaient esclaves, présentaient à leurs maîtres un vase d'eau et de la terre, pour montrer par là qu'ils renonçaient à tous leurs droits.

Si donc, tout ce qu'il y a de plus grand, de précieux et d'utile, nous-mêmes, enfin, et tous les autres animaux, ne sont que de la boue, quel vaste champ pour son éloge ! où pourra-t-on trouver un génie assez sublime, une éloquence asez grande pour l'entreprendre ? Si ceux qui ont fait un éloge passable de l'or, de l'argent et autres choses précieuses, ont fait quelque chose de grand, combien ne doit-il pas être plus difficile de louer, comme il le faut, la boue qui seule embrasse toute chose ! il ne suffit pas d'avoir les graces d'Isocrates, la subtilité de Lysias, le sel d'Hypéris, l'éclat d'Eschines, la force de Démosthènes, il faut une éloquence neuve, encore inconnue, supérieure à toutes les autres ; aussi ne ferai-je point usage dans ce discours des ornemens ordinaires.

Les orateurs font ordinairement usage des comparaisons ; elles donnent à leur style une teinte brillante et fleurie ; mais de tous les objets épars sur le globe, quel est celui qui, comparé à la boue, ne serait pas vil et méprisable ? parle-t-on de l'or, de l'argent, des perles, des pierres précieuses, la première idée est de demander d'où vient tout cela : j'ai démontré tout-à-l'heure que tout ce qui naît sur la terre est produit par la boue. Il serait donc absurde de comparer un seul fruit terrestre, produit par la boue, avec cette même boue qui a tout produit. N'est-ce pas à elle que nous devons tant de grands hommes, tant de rois, d'empereurs, tant de philosophes parfaits, tant de génies sublimes ? sans la boue, aurions-nous ces édifices magnifiques, ces villes superbes, ces métropoles orgueilleuses, monumens glorieux de l'industrie humaine? n'est-ce pas à la boue que nous devons toutes les plantes salutaires employées par la médecine, le gland, les fruits et le froment? combien d'espèces d'animaux variées à l'infini! combien de points de vue dans la nature! combien d'espèces d'hommes! eh bien! tous sont l'ouvrage de la boue qui les crée, les échauffe et les nourrit! ô ingratitude des hommes! ô perfidie détestable! ô injustice révoltante! vous la méconnaissez cette boue, vous l'éloignez de vous comme la chose la plus vile, et, pourtant, vous ne pourriez vivre un seul jour sans elle. Vous ne sentez pas qu'en méprisant la boue, vous méprisez votre mère ? vous oubliez votre origine. Dieu, a dit Moyse, forma l'homme du limon de la terre : la boue est donc autant au-dessus de vous que vous êtes au-dessous d'elle. Mortel ! pourquoi élever la tête au-dessus de la boue ? pourquoi montrer tes oreilles ? pourquoi te bouffir d'orgueil ? tu es de boue, l'entends-tu bien ? la reconnais-tu pour t'avoir formé ? homme orgueilleux ! reconnois donc enfin ta mère : respecte-la. Nous sommes de boue, nous vivons dans la boue, nous nous nourrissons de boue, et nous retournons en boue : nous ne différons nullement en cela du Scarabée.

Nous conservons avec grand soin l'or, les habits, l'argent et les bijoux ; pourquoi ? parce que nous voyons leur utilité immédiate ; mais nous nous gardons bien de chercher à connaître leur origine. Qu'est-ce que vous tenez enfermé sous cent clefs dans un coffre-fort ? de la boue. Qu'est-ce que vous gardez si avidement dans des vases et des tonneaux. De la boue. Ce que vous aimez, ce que vous amassez, ce que vous conservez, ce dont vous êtes faits, ce qui vous couvre, ce qui vous nourrit, c'est de la boue. Car, excepté l'ame, rien en vous n'est au-dessus de la boue. Si cette ame est belle, et ornée de vertus, elle est céleste ; mais si elle est perverse et impure, non-seulement elle est inférieure à la boue, mais encore elle est la chose la plus vile qu'on puisse imaginer. Tout meurt, la boue est éternelle. Pour louer dignement la boue, il faudrait s'arrêter sur chacun des objets que contient l'univers, et il serait fou de l'essayer. Je ne vous parlerai donc pas de l'or, de l'argent, des perles, des bijoux, des hommes même, des animaux, des herbes, des plantes, des arbres et des villes, je considérerai

sidérerai la *boue* en elle-même. Sa vertu est telle que Dieu même en fait grand cas; je suis loin de vouloir railler la divinité; recueillez, je vous prie, toute votre attention, je vais dire des vérités inconnues jusqu'à ce jour; redoublez votre bienveillance, sinon, je serai forcé de me taire, et vous perdrez la connaissance des mystères que je vais révéler. Il s'agit de la valeur de la boue.

Bien peu de nous savent le cas que Dieu fait d'elle; que pensez-vous qu'il arriverait, si les hommes se mettaient une fois dans la tête que Dieu n'aime pas la boue? croirait-on excellent ce qui ne le paraîtrait pas à l'Etre-suprême? d'abord, il n'est personne qui ne convienne qu'il n'est sur terre rien de supérieur à l'homme, puisqu'il a été formé de boue. De tous les êtres animés, on sait que l'homme est celui que Dieu préfère; la raison même nous force à le croire, puisque c'est pour lui que Dieu a créé tout ce qui est sur la terre, puisqu'il a voulu créer l'homme à son image, puisqu'il veille sans cesse à sa conservation, puisqu'il lui communique sa raison et sa sagesse. Voyons de quelle matière Dieu a formé cet animal, semblable à lui, raisonnable, intelligent, prévoyant, multiplié, reconnaissant, prudent, industrieux, et qui embrasse dans la pensée, la terre, les mers et le ciel. Il est croyable que Dieu a formé ce roi de la création avec la matière qu'il aimait le plus. Que disent les fastes de la création? d'où annoncent-ils que l'homme est sorti? ce n'est pas de l'argent si cher à tout le monde, point de l'or que tant de gens préfèrent à Dieu même, ce n'est pas des émeraudes, des chrysolites, et autres pierres précieuses, mais du limon de la terre, de la fleur de la boue. Que voulez-vous de plus? réfléchissez sur cette conduite de la divinité, vous jugerez de l'excellence de la boue.

Dieu, dont la sagesse immense connaissait parfaitement la nature des choses, même avant de les créer, parce que son sens exquis discerne ce qui l'emporte sur les autres choses, lorsqu'il voulut créer un animal semblable à lui, participant à son intelligence, choisit la boue pour former le roi de la nature. Qu'ils viennent à présent ceux qui font les plaisans, qu'ils interprêtent ce passage de David, ce poëte sublime! « Il élève les pauvres de dessus la boue, pour les placer au niveau des princes de son peuple. » Pourquoi élève-t-il le pauvre de dessus la boue? pourquoi le place-t-il au niveau des potentats? c'est qu'il aime beaucoup la boue, et ceux qu'il voit la conserver avec beaucoup de soins. Que répondrez-vous à cela, détracteurs de la boue? descendez dans l'arêne, avancez, lancez des traits, déchaînez votre langue; eh bien, vous vous cachez derrière le mur! votre trait lancé, vous fuyez comme les Parthes! vous méprisez la tempête, quand vous êtes dans le port.... Il est facile d'accuser, quand personne ne répond, et de blâmer quand personne ne contredit. Voyons, pourquoi méprisez-vous la boue ? de quoi l'accusez-vous ? vous vous taisez ! une pâleur subite se répand sur vos traits ! allons, voilà assez de dispute, poursuivons ce que nous avons commencé.

Ce n'est pas seulement dans ceci que Dieu a témoigné son amour pour la boue, mais dans une infinité d'autres circonstances qu'il serait trop long d'énumérer. J'en citerai seulement un ou deux exemples : déjà le fils de Dieu avait donné plusieurs indices de sa divinité, et montré son amour pour les humains, en guérissant les uns, ressuscitant les autres, rendant la vue aux aveugles, l'ouïe aux sourds, la parole aux muets ; il ne lui restait plus qu'à montrer sa prédilection pour la boue, mère des hommes. Or, en voyageant, il apperçoit un aveugle de naissance, et trouvant l'occasion favorable de montrer qu'il est celui qui a formé les hommes avec la boue, et de faire connaître l'excellence de cette matière, il crache sur la terre, fait de la boue de ses propres mains, l'applique sur les yeux de l'aveugle qui, pour la première fois, jouit avec extase d'un sens qu'il n'avait jamais connu. Qui ne comprend, par cette action, que Dieu a voulu nous prouver que rien n'est plus noble que la boue, puisque c'est par elle qu'il donne la vue, le sens le plus précieux de tous. Dans le nombre étonnant des miracles et des cures qui avaient précédé celle-ci, il ne s'était jamais servi de topiques et de plantes médicinales; la parole ou le tact lui suffisait; il est donc clair que s'il l'eût voulu, il eût pu guérir l'aveugle avec un de ces deux moyens. Pourquoi donc emploie-t-il celui de la boue, si ce n'est pour démontrer sa propriété et rappeler aux hommes leur origine? en effet, plus quelqu'un ressemble à la boue qui l'a créé, plus il est grand et heureux, comme cela se voit tous les jours; faites bien attention à ceci. En quoi consiste le vrai bonheur? en ce que Dieu aime le plus. Or, ce que Dieu aime le plus, c'est celui dont l'humilité imite celle de la boue, celui qui à quelque dégré de fortune et de puissance qu'il soit parvenu, n'oublie pas que c'est du sein de la boue qu'il y est monté, et qu'il y rentrera dans peu. Nous voyons tous les jours que les grands du siècle finissent tous les jours par être les plus vils et les plus méprisables des hommes. Ouvrez les livres des philosophes, ils prêchent à chaque page la modestie et l'humilité; celui-là seul peut prétendre à être un jour heureux, qui reconnaît qu'il n'est que boue, et Dieu prouve assez en cela sa bienveillance pour la boue; mais parlons d'autre chose.

Qui jamais a été plus aimé de Dieu que l'israélite Juba? L'histoire raconte que non-seulement il s'asseyait dans la boue, mais encore dans les tas d'ordures. Un prophète fait dire au fils de Dieu, je suis poussière et non homme, je suis l'opprobre des hommes et le jouet du peuple; or, le jouet du peuple est-il autre chose que de la boue? Le fils de Dieu, après s'être fait homme, disait qu'il s'était fait de boue (1) et par humilité il s'appellait le *fils de l'homme*, c'est-à-dire, le petit fils de *la boue*. Parlons maintenant de l'utilité de la boue. J'embrasserai son utilité générale, et ne dirai rien de vulgaire, rien de faible, si je le puis.

Tout ce qui est animé sous le ciel a des obligations à la boue. Tout ce qui a vie est composé de trois ames : la première donne seulement une existence insensible, c'est celle des arbres, des fruits. La seconde donne à tous les êtres animés la vie et la faculté de sen-

(1) Que d'hommes, depuis la révolution, se sont faits de boue, et ne sont pas les fils de Dieu

tir ; la troisième enfin, la meilleure et la plus parfaite, donne la faculté de comprendre, de penser et de se ressouvenir. La *boue* procure à ces trois ames une grande utilité pour rendre la vie agréable et commode. Pour éviter toute amphibologie et saisir plus facilement les avantages de la boue, il est bon d'observer qu'elle est honorée de plusieurs surnoms. Tout résidu de la putréfaction est appelé *Boue*, soit l'évacuation de la nourriture consumée, soit pourriture produite par d'autres causes, soit enfin un mêlange de terre et d'eau. On donne encore ce nom au limon. Les cultivateurs l'appellent *laetamen*, ce qui équivaut à *fumier*, parce qu'elle engraisse la terre. On appelle *excrément* celle qui s'engendre dans le corps de tous les animaux. Toute sorte de boue se nomme en général *ordure*. La terre n'a pas assez de force en elle-même pour alimenter ce qu'elle produit, aussi voit-on les hommes couvrir de boue les champs qu'ils veulent rendre féconds, ce qu'on appelle les fumer. Macrobe écrit que les Romains nommèrent Saturne, dieu du fumier, et l'honorèrent sous cette dénomination, parce qu'il se servit le premier de cet engrais. S. Augustin, dans le livre de la *Cité de Dieu*, écrit que ce fut *Sterco*, père de *Pecus*, agriculteur habile, qui inventa ce procédé. Les Latins, par imitation, le nommèrent *Stercus*, et les peuples d'Italie, au rapport de Pline, décernèrent les honneurs de l'apothéose à leur roi *Stercutius*, parce qu'il avait inventé la *Stercoration*, c'est-à-dire, le secret d'engraisser les terres avec du fumier. D'autres attribuent cette invention au roi Augias : Hercule la répandit ensuite en Italie ; ce qui a donné lieu aux Mythologues de dire qu'Hercule avait nétoyé les étables d'Augias. Ce qu'il y a de sûr, c'est que l'inventeur de la stercoration fut mis par les anciens au rang des dieux, sous le nom de *Stercutium*, c'est-à-dire, dieu du fumier.

Le docte Hésiode, dit Caton, n'en a pas dit un mot dans son poëme sur l'Agriculture, et fut pour cela blâmé par les savans. Homère, qui vivait plusieurs siècles avant lui, nous peint le vieux Laërte, affligé de la mort de son fils, cherchant à dissiper ses chagrins, en cultivant ses champs et les couvrant de fumier. Le sage Caton écrivant sur l'Agriculture, disait: prends soin de ta basse-cour, mets-y ton fumier et conserve-le précieusement. On voit combien le brave Caton estimait le fumier. Les cultivateurs ont appellé la boue, trésor de fécondité (1). Non seulement ils la recueillent et la conservent

(1) Le citoyen Bridel vient de composer avec la matière fécale, une poudre végétative, propre à engraisser les terres, et à hater la végétation d'une manière surprenante. Cette invention, sur laquelle il a été fait un rapport au Lycée des arts, lui eût valu des autels dans l'antiquité.

avec soin, la recherchent avidement, mais encore ils la mettent dans de grands vases et en font la plus grande provision possible. C'est donc avec raison que les cultivateurs ont mérité de préférence l'éloge des poëtes ingénieux, qui, dans leurs ouvrages, ont feint que les dieux chassés des villes par les crimes des hommes, habitèrent long-tems la campagne. Les villageois sont donc plus sages que les citadins. Si tous les jours on transporte la boue des villes dans les campagnes; si ce que dit le proverbe est vrai, *que qui sert les hommes est un dieu*, il est clair que la boue est une grande divinité, qui, chassée des cités, se retire dans les champs, où elle porte la joie et la fertilité, dont s'énorgueillit la nature épanouie.

Comparez avec ce champ celui où la boue n'a point été employée; le soleil attristé ne frappe que des tuyaux rares et grêles, des bleds affaissés, pâles, arides avant le tems. Ici est la riante abondance ; là une triste maigreur. Ici l'espoir d'une récolte sans valeur. Cessez de couvrir de boue vos campagnes, et vous serez bientôt convaincus de tous les biens qu'elle procure. Ce n'est pas seulement les bleds qu'elle fertilise, mais encore les arbres. Laissons là toutes les autres productions de la nature et parlons de la vigne. Qui ne sait que les sucs vifs, gras et chauds de la boue, que les ignorans regardent comme une chose vile, sont la source de cette douce chaleur, de cette saveur exilarante du vin ?

Empédocle, ce philosophe naturaliste, ainsi que le rapporte Aristote, dans ses *Topiques*, a dit ces paroles remarquables : *Le vin est une eau pourrie dans la vigne* ; or, cette eau pourrie est le suc de la boue ; ce que nous buvons avec tant de plaisir, ce qui nous cause tant de volupté, ce breuvage nourrissant, suave, réparateur, père de la joie, et, suivant l'expression d'Horace, ennemi des

des chagrins, c'est pourtant le suc de la boue. Je ne ferai pas ici l'éloge du vin; il y a peu d'hommes qui n'en boivent avec délices : quel bonheur aurions-nous sur terre, où serait la volupté, qui aurait du génie, du courage, si la vigne n'existait pas? Horace a dit très-élégamment :

« Eh! quel homme, en buvant, ne vaut pas Cicéron!
» Les muses ce matin s'escrimaient à plein verre,
» L'éloge du bon vin plaisait au grand Homère;
» Il inspirait des vers au tendre Anacréon ».

Platon, cet homme si sage, aimait tellement le vin, qu'il s'enivrait souvent. Je ne connais pas un seul homme qui nie l'utilité du vin. Or, si l'on aime ce dieu (et qui est-ce qui ne l'aime pas)? il faut nécessairement aimer sa mère, qui est la boue. Les jardiniers aiment tellement la boue, que non-seulement ils parcourent les villes pour la ramasser, mais encore ils l'achètent. Quel spectacle est plus agréable et plus imposant que cette verdure? Qu'un jardin bien cultivé dit de choses à l'esprit et au cœur! Ici de grands choux, à la tête solide, étalent leurs larges feuilles. Là, des porreaux rubannés blanchissent. Plus loin, la poirée s'elève avec orgueil. Ici, la laitue rafraîchissante s'arrondit et se frise. Le grave concombre étend au loin son large ventre. Là, des asperges encore tendres percent de leurs dards fragiles le sein de la boue qui les a formées. Insensé que je suis! essaierai-je de décrire chaque plante, lorsque j'ai à prouver que la boue est encore utile aux autres êtres animés, aux hommes et aux bêtes; et que sans la boue, ni l'une ni l'autre espèce ne pourrait vivre un seul jour! C'est ici le cas de souhaiter, avec les poëtes, cent langues, cent bouches et une voix de fer, avec l'esprit le plus profond et l'éloquence la plus entraînante, car je crains que ce que j'ai à dire ne paraisse incroyable.

Vous savez tous parfaitement, quoique bien peu de vous y fassent attention, que vous ne pouvez vivre en aucune manière, sans vuider votre ventre. Oh ! mais, ne riez donc pas. . . Je n'ai pas dit qu'il fallait que vous mangeassiez... mais il est constant que tout être animé doit, s'il remplit son ventre, le vuider après. Examinez donc qu'il ne peut s'emplir, ni se vuider, sans boue ; mais, dira quelqu'un, je ne vis pas de boue, je n'ai jamais rempli de boue mon ventre vuide ; oh ! oh ! d'où vient donc ce dont vous vous nourrissez ? vous avez déjà oublié que pain, vin, fruits, viandes, enfin tout ce qui vous nourrit, vient de la boue.

Nommez-moi, de tous les animaux, celui qui peut vivre sans boue ; je laisse tous les autres de côté, pour ne parler que de l'homme, le plus grand de tous. J'en appelle ici à tous les orateurs, les philosophes, les théologiens, les savans ; que répondront-ils ? peuvent-ils nier que tout ce qui existe ne vit qu'avec de la boue ? S'il en était un, il faudrait employer des remèdes vigoureux pour le bien vuider, lui refuser ensuite toute espèce de nourriture pendant trois jours, alors vous verriez mon incrédule convenir et publier hautement qu'il ne peut absolument vivre sans boue. Oui, veillez, dormez, marchez, ou restez immobile, vous n'êtes pas un seul moment sans avoir de la boue avec vous.

Si cette boue, qui leste votre machine, se vuide plns abondamment qu'à l'ordinaire, vous devenez faible et infirme, aucune partie de votre corps ne fait bien ses fonctions, souvent même une perte trop sensible de ce lest donne la mort, et cette perte se nomme *diarrée*. Croirez-vous à présent pouvoir vivre sans boue? Ce que je dis des hommes, je l'applique aux autres animaux: les alimens doivent se convertir en boue dans l'estomac, pour nourrir et lester.

Vous voyez que je ne me sers pas de ruses et de sophismes pour vous éblouir, je parle franchement, et je dédaigne les ressources de l'éloquence.

Nous appellons ordinairement *utile*, ce qui peut être commode à l'usage du corps, nous ne nommons *nécessaire* que ce dont nous ne pouvons nous passer; or, puisque rien ne peut exister sans la boue, la boue est à-la-fois *utile* et *nécessaire*. On ne peut trop s'étonner ici de la sottise des hommes qui méprisent ce *nécessaire*, pour courir après ce qui est dangereux. Tout le monde aime l'or et méprise la boue. Or, la boue donne la vie, tandis que l'or, loin de la conserver, nous procure des maux sans nombre. L'or a engendré les massacres, les incendies, les rapines, les guerres civiles, le pillage des villes et des campagnes, le viol, le tumulte, les embarras, la fraude, la trahison, le mensonge, la calomnie, l'ambition, les révolutions, enfin tous les crimes imaginables; la boue ne nous cause aucun mal, et nous fournit tout ce qui rend la vie agréable. Si quelque chose, après la boue, peut être utile, c'est à la boue sans doute qu'elle doit cette utilité, car toute utilité vient d'elle; voyons ses avantages dans les autres objets.

Non-seulement elle nous crée et nous nourrit, mais encore elle est propre à tout : nous lui devons la manière de bâtir. On ne peut construire une ville sans boue; il n'y a pas une maison, un palais, une chaumière, un temple sans boue. Le ciment, le bitume, la craie, la chaux, tout ce qui sert à la construction, n'est que de la boue. L'univers serait sans ornemens, sans éclat, sans beautés, s'il n'y avait ni bourgs, ni cités. Nous serions réduits à végéter tristement, comme les Troglodites, au fond des forêts et dans les cavernes, avec les bêtes féroces. Mais comme je touche à la fin de mon discours, je n'ajouterai plus qu'une seule observation faite par plusieurs savans de l'antiquité ; c'est qu'il existe dans la boue une certaine vertu merveilleuse pour guérir toutes les maladies du corps (1). Les livres de médecine offrent une foule de remèdes spécifiques qui ne se composent que de boue ; si quelqu'un refuse de me croire, il peut consulter Pline et Galien, et tous ceux qui ont écrit sur l'art médicinal.

Le dirai-je ? cette espèce de boue que nous abhorrons le plus et qui sort de notre ventre, est d'une efficacité reconnue en médecine. Pline met les excrémens au nombre des grands remèdes. Dioscoride apprend que les excrémens de l'homme et du chien, desséchés, mêlés avec du miel et attachés sur le cou, guérissent de l'esquinancie. Ce remède ne trompe jamais ; les animaux

(1) On sait que la boue de Pàris, prise surtout dans la Halle aux Poirées, est un remède souverain pour les fractures et les enchyloses.

même semblent le connaître, car on raconte que la panthère qui a avalé de l'aconit, plante vénéneuse et mortelle, cherche promptement les excrémens de l'homme, et qu'après en avoir mangé, elle guérit sur-le-champ. Aristote dit que la hupe se construit un nid avec la même matière, parce qu'elle y trouve un grand avantage pour ses petits. Je suis persuadé que nos ancêtres, tout grossiers qu'ils étaient, ont connu toutes les propriétés de la boue, puisqu'en lui donnant une autre forme et un autre nom, il lui ont rendu les honneurs divins. Voyant que Jupiter, le plus grand des dieux, avait un nom *masculin*, ils voulurent que celui de la boue fût du même genre, et par conséquent l'appellèrent *Jupiter Stercutius*. De plus, voyant que tout était créé par la boue, ils en inférèrent que Jupiter lui-même devait sa naissance à la boue, et conclurent que Stercutius et Saturne n'étaient qu'une seule et même divinité;

c'est par cette raison, qu'ils voulurent que les pieds du lit du grand prêtre de Jupiter, fussent, comme nous l'apprend Aulu-Gelle, enduits d'une légère couche de boue.

N'attendez pas, lecteurs, que je termine ce discours par une longue récapitulation de tout ce que j'ai dit pour l'éloge de la boue ; comme ont coutume de le faire tous mes confrères les rhéteurs. Répéterai-je encore ce que personne ne peut ignorer ? Dirai-je une seconde fois, qu'il n'est rien au-dessus de la boue, dont a été tiré tout ce qu'il y a de meilleur sur la surface du globe ? Qu'il n'y a rien de plus cher à la divinité ? Rappellerai-je que la boue est utile et nécessaire ? que tout vit, est fécondé, est construit par elle ? Non, je n'affaiblirai pas plus long-tems par la faiblesse de mon génie, les louanges incroyables que mérite la boue.

Je laisse donc à votre féconde imagination, le soin de suppléer à cette dernière partie de mon discours : représentez-vous tout ce que vous croyez supérieur, tout ce qui est précieux, magnifique, admirable dans la nature entière ; représentez-vous cette constante variété dans ses innombrables productions, arbres, fruits, animaux, créés pour l'homme ; représentez-vous l'homme lui-même, et lorsque vous aurez bien considéré chacun de ces objets à loisir, son excellence, ses vertus : que toute votre attention se fixe alors sur la boue ; oui, pensez que sans la boue, aucun de ces objets excellens n'existerait ; alors vous jugerez combien de louanges lui sont dues, et combien les hommes sont coupables dans le mépris qu'ils ont pour leur mère commune et leur nourrice ; alors vous réfléchirez combien il est inconsidéré de penser par imitation servile, lorsque l'expérience vous aura clairement démontré que tous les hommes sont sujets à devenir les esclaves des préjugés et de l'erreur.

*Fin de l'Eloge de la Boue.*

---

## NOTE BIBLIOGRAPHIQUE,

### *Sur l'auteur de l'Éloge de la Boue.*

MAJORAGIUS ou plutôt *Majoragio*, se fit ainsi appeler du nom d'un village où son père faisait sa demeure. Son père se nommait Giuliano Comte, *Julianus Comes*, et Majoragius, *Antonio Maria* ou *Mario*. Fabio Lupo et Maximo Nigro lui intentèrent une espèce de procès, au sujet de son changement de nom, il en sortit triomphant par un discours très-éloquent, qu'il prononça devant le sénat de Milan. Il cita même des exemples en sa faveur. Une des principales raisons qu'il alléguait pour justifier son changement de nom, était qu'il n'y a pas d'exemple dans la bonne latinité qu'un homme se soit appelé *Antonius Maria*. Il se fit donc appeler Marc-Antoine Majoragio.

Il fut pendant 8 ans professeur d'éloquence à Milan, où il mourut le 4 avril 1555, âgé de 41 ans, à la suite d'une maladie de langueur, causée par un excès d'études. Il brilla surtout par son éloquence, et travailla beaucoup sur les ouvrages d'Aristote et de Cicéron, qui ont pour objet cette science. Il défendit aussi ce dernier contre les imputations calomnieuses de Calcagnini. Il écrivit aussi contre Mario Nizoli : « *Reprehensionum libri duo contra Marium Nizolium, quibus accessit recusatio omnium rerum quæ Nizolius in decisionibus Majoragii tanquam male posita notavit.*

On a de lui, 1°. Commentaria in Ciceronis oratorem. — 2°. Commentarius in dialogum de partitione oratoriâ Ciceronis — 3°. Commentaria in Ciceronis lib. III. de officiis. — 4°. Comment. in Virgilii Georgicon libros priores duo et in Æneidos librum IV. — 5°. Paraphrasis in libros Aristotelis, *de cœlo, de generatione et interitu.* — 6°. Anti-paradoxa. — 7°. Decisiones 25 pro Cicerone. — 8°. Adversus Calcagninum orationes et præfationes — 9°. Dialogus de eloquentiâ. — 10° Epistolicarum quæstionum libri duo. — 11°. De Senatu romano libellus. — 12°. De risu oratorio ac urbano libri duo. — 13°. De nominibus propriis veterum Romanorum. — 14°. Carminum liber I. — 15°. Un recueil de harangues latines, etc. — *Leipsig* 1628, *in*-8°. (Voyez de Thou, liv. 16. Imperialis

lis, pag. 126. — Hanckius, De Scriptis R. R. pag. 215. — Trad. de Georg. Matthiæ-Konigii Bibliotheca vetus et nova. — Gessner, Biblioth. Imperialis, in musœo historico. — Ghilini theatro d'Uomini litterat. Riccioli chron. reform. etc. et Bayle, *Dict. critiq.*)

Tous les ouvrages de Marc-Antoine Majoragio respirent l'érudition.

---

*Nota.* Les amateurs qui desirent completter la collection des Eloges, trouveront chez le même libraire, les *Eloges de rien* et *de quelque chose*, insérés dans les *Heures de Tivoli et de l'Elisée*, qu'a publiées le citoyen Mercier.

L'Eloge de l'Ivresse, 1 vol.

Celui des Perruques, par Deguerle;

Celui de l'Ane, par L. Coupé;

Celui du Hibou, dans les Soirées littéraires.

---

# ÉLOGE DE LA PAILLE.

## TRADUIT DU LATIN,

*De Frédéric WIDEBRAMUS, page 232, Ire. Part de l'Amphitheatrum Sapientiæ Joco-Seriæ.*

JE vais dire à combien d'usages différens sert la Paille; combien elle présente d'utilité, malgré sa petitesse; et dans un fragile chalumeau, je démontrerai la toute-puissance divine; sa sagesse, sa bonté prodigue de bienfaits envers l'espèce humaine. Je ferai voir que la nature n'a rien produit d'inutile, quelque faible qu'il soit; que sa prévoyance veut que tout soit utile; en assignant la plupart du temps, à un seul objet, plusieurs avantages.

O toi! qui as daigné naître dans une pauvre étable, reposer sur un lit de paille, et recevoir sur le foin l'hommage des bergers, qui célébraient ta naissance sur leurs frêles chalumeaux; législateur des Juifs, toi qui as témoigné par là combien tu méprises le faste de ce monde, daigne regarder d'un œil favorable un Poëte qui veut chanter avec simplicité ce que la nature a de plus simple. Ne méprise pas les sons qu'essaie mon agreste chalumeau; c'est sur la paille même que je célèbre les vertus de la paille. Je t'en conjure, que ta bienveillance dévoile à mes yeux obscurcis les secrets profonds et inconnus de la nature.

Qu'un juge inique ne dise pas que j'écorche dans les carrefours des vers pitoyables sur une paille criante, et que je ne rougis point de fatiguer mes lèvres sur un chalumeau. Quoique le mien soit petit, quoiqu'il ne soit pas encor cher aux filles de mémoire, il mérite que l'on s'en occupe; nous ne secouons pas tout-à-fait des pailles inutiles ; ce sont des tuyaux bien gras et bien remplis, avant que le fléau les ait écrasés.

Lorsque les grains réduits insensiblement en poudre par la pluie (les grains sont l'image de la chair, qui doit revivre après la mort), se grossissent enflés par la chaleur prolifique, et produisent vers leurs tendres sommets, des fibres légères, et à la pointe de leurs rejettons, des fils qui bientôt se perdant à moitié dans l'enveloppe, s'échappent en tuyaux, et élèvent plus haut leurs canaux, chargés de productions précieuses, et ne différant de la ciguë qu'en ce qu'ils sont revêtus de nœuds qui, placés d'espaces en espaces, les soutiennent, afin qu'ils ne plient point sous le poids ; lors, dis-je, que l'épi nourri par la semence, élève sa chevelure ; et découvre des tuyaux remplis de grains, en nous dédommageant ainsi du trépas de sa mère, par une nombreuse progéniture. C'est d'elle que vient le pain, cette nourriture qui, de toutes celles que produit la nature, convient le plus à l'homme, est destinée à le nourrir, et à soutenir son existence par sa forme naturelle. Quelque grand que soit l'usage qu'on en fait, il ne cause jamais de dégoûts, et rien ne peut le remplacer, parce que, ni trop doux, ni trop amer, semblable à la chaleur qui tempère le froid; il flatte, par une température agréable, le goût de celui qui en fait usage. Le Confucius de la Judée ne dédaignait pas le pain, puisqu'il se nomma lui-même le *pain de vie*.

Ainsi, dès que le cultivateur, riche de la moisson qu'il a recueillie, a rempli ses greniers des gerbes qu'il a voiturées par chariots, et fait retentir au commencement de l'automne, la grange, sous les coups du fléau, qui promet la joie, le grain tombe de l'épi, au bruit de sa chanson, tandis que pendant le règne des frimats, les champs étant dépouillés de leur riante verdure, la paille aride sert de nourriture à ses chevaux. Etendue dans les étables, elle procure aux troupeaux fatigués un repos tranquille : ajustée au parois, à la porte, elle écarte des bergeries le souffle glacial des tyrans du nord.

Introduite sur les lits vuides, elle procure à l'homme même un sommeil favorable, que ne donne pas toujours la plume : la paille supplée aux couvertures. Ainsi, notre mère, prète à ressentir les douleurs de l'enfantement, le préparait à Béthléem et le couvrait d'épis.

Pauvres, qui manquez de lits de plumes, c'est la paille qui fait les frais de vos lits et de vos oreillers. Ainsi, un jeune étudiant, avant que la renommée ait prôné les fruits de ses travaux littéraires et l'ait inscrit au rang des maîtres célèbres, jaloux de recueillir sous un nom supposé, les avantages qu'il espère de ses efforts, s'arrête au déclin du jour, sous le toît d'un pauvre cultivateur, s'y couche sur un banc, ramasse de tems en

ems sur son corps la paille qui le con-
vre, puis en composant un faisceau, le
pose sans aucun ordre sous sa tête, et
méprisant l'édredon du riche voluptueux, ces lits dressés à la sensualité,
ou souillés par les maladies terribles
qu'ils engendrent, rêve paisiblement à
ses chansons, et appelle Apollon à son
secours.

Lorsque, dans la saison des neiges,
il se lève pour transcrire ce qu'il a rêvé,
si le souffre et le sarment manquent à sa
torche, c'est avec la paille qu'il allume
son modeste feu. Une botte de foin lui
sert d'allumette, au moyen des charbons
ardens qu'il y jette et qui l'enflamment;
puis il s'assied devant la flamme brillante,
et fait cuire quelques pommes, dont le
suc s'échappe en sifflant.

C'est ainsi que dans les campagnes
immenses de la Haute-Saxe et de la
Franconie, les habitans éloignés des
forêts, ne connoissant pas l'usage du
bois, allument leurs feux et font cuire

tous leurs alimens avec de la paille. C'est ainsi que le Saxon fait du feu, et nétoie ses chaudières de plomb, lorsqu'il a tiré le sel du milieu des eaux, dans les plaines de Lunebourg.

Ne voyons-nous pas une cuisinière, préparant le gala de la St. Martin, les doigts encore pleins des plumes de l'oie qu'elle vient de dépouiller, couvrir le feu d'un monceau de paille, et brûler ainsi jusqu'au plus léger duvet des aîles, et les racines des plumes incrustées sur la peau de l'animal? Ne voyons-nous pas le cuisinier, quand son eau n'est pas assez chaude, étendre sur le porc qu'il vient d'égorger, un lit de paille, à laquelle il met le feu, pour en brûler toutes les soies, afin que la chair consolidée par l'action du feu, reste longtems inaccessible à la putréfaction, et se rôtisse à la fumée.

Lorsqu'un tonnelier commence à lier ses tonneaux, et qu'au moyen de la poix, il bouche jusqu'aux moindres ouvertures des planches, lorsqu'étendant à l'entour les cerceaux élastiques, il les presse et les pousse tour-à-tour l'un contre l'autre, ne le voit-on pas agiter une poignée de paille allumée, ou la tenir enfermée dans le tonneau renversé, pour que la flamme liquéfie et étende partout la liquide résine : ensuite il place le couvercle, l'ôte de nouveau, puis d'une main rapide, dresse et fait rouler en tourbillon le tonneau, afin que la colle étalée d'un côté, puis de l'autre, ferme hermétiquement toutes les interstices; une fumée noire s'élance hors du tonneau, et obscurcit l'air d'un nuage épais et noir.

Lorsque les tonneaux, n'ayant été de long-tems employés, ont contracté un goût de vétusté qui pourrait donner au vin une saveur désagrésble et le gâter, le gardien de la cave jette au milieu une botte de paille enflammée; afin qu'un feu nouveau dévore l'âpreté qu'ils contiennent.

C'est ce que pratiquent le Flamand et le Germain, avant de resserrer la boisson de Cérès, qu'on nomme bierre. Comme il tient ses tonneaux toujours débouchés, parce qu'il les boit ainsi, dans la crainte qu'ils ne contractent un mauvais goût, non par la chaleur, mais par la nature du lieu où il les a placés; il emploie aussi la paille, lorsqu'à raison de l'épaisseur et de la capacité du large vase, il prépare des segmens d'épis qu'il fait entrer par la gueule du tonneau, afin qu'ils y répandent une odeur préservatrice. Ensuite, fermant le vase, il le dresse et le remue, de sorte que les épis nagent à la surface. C'est ce procédé qui fait perdre à la boisson le goût du moisi.

Lorsqu'une servante abandonne la maison de son maître, emportant avec elle la récompense due à ses soins et à ses travaux, on a coutume, en Allemagne, de la faire précéder par un flambeau de paille torse, allumé, ce qui est pour elle e présage d'un heureux départ. Le villageois se sert de la même lumière, lorsque le matin, au moment où l'ou n'y voit point encore, il va au marché, où lorsqu'au milieu des ténèbres, il reconduit à son logis le voyageur qu'il a rencontré égaré de sa route.

Souvent un chasseur trouvant un renard dans sa tannière obscure, fait faire à l'entrée un feu de paille. A combien d'usages divers on emploie la paille !...

Dès qu'une haie est tendue autour d'un jardin, ou l'on érige une autre muraille, ou l'on dresse des pieux pour bâtir une chaumière ; alors, le maçon prévoyant commence par paîtrir l'argile, avec de la paille coupée, puis après l'avoir foulée aux pieds, il en revêt la partie supérieure du toît qu'il épaissit et rend impénétrable. Celui qui n'a point de tuiles, ni de bardeaux, revêt la charpente d'une simple couverture de chaume, très-légère.

Plusieurs ustensiles sont redevables aussi de leur agrément à la paille. Les paniers d'osier, les vases de toute espèce, propres à serrer la chandelle, les fuseaux, et mille antres objets qu'ils font durer davantage, en les préservant de la chûte qui les briserait.

Souvent un médecin a découvert la nature et l'origine d'une maladie, en faisant passer l'urine du malade par un tuyau de paille; c'est ainsi qu'il lui rétablit entièrement ses veines et ses artères.

C'est par le moyen de la paille que de notre tems même, une maison ancienne de la Saxe, celle du baron de Sulau, connue autrefois sous le nom de *Vargela*, conserve depuis plus de quatre siècles la coupe de verre dans laquelle elle buvait. C'est à la paille que l'on doit le procédé des verres et des bouteilles solides. Aussi, le buveur a-t-il beau les tenir serrés dans la main, où les lancer en l'air, après les avoir vuidés,

dés, ils retombent sur la table, sans en être endommagés.

Lorsque le boulanger veut nétoyer son four, il fait un balai de paille; c'est d'un balai de paille que se sert, pour peindre une muraille ou un auvent, le misérable barbouilleur auquel la nature a refusé les pinceaux d'Appelle et de Zeuxis.

Lorsque le forgeron travaille un cercle de fer, que la lame brûlante et rougie par le feu est placée sur l'enclume, un balai, ou goupillon de paille, lui sert pour arroser le métal d'un déluge d'eau bouillante, afin que la trop grande chaleur du cercle ne brûle pas les jointures du bois auquel on l'adapte.

Le pâtissier, qui va cuire une tourte, pour une fête, a soin d'employer une natte de jonc, pour modérer la chaleur de la tôle brûlante sur laquelle il l'a mise, après avoir paîtri sa pâte et l'avoir retirée de l'eau. De-là vient que, lorsque la pâte est cuite, on y trouve quelquefois des brins de paille.

Souvent aussi le cocher emploie la paille pour orner les chevaux, au lieu de les caparaçonner. Souvent leur queue est nouée en catogan, avec de la paille. Souvent un cône tissu de crêtes de paille, s'élève au-dessus de leur tête, afin que leurs crins ne battent pas leurs flancs couverts de fange, ou n'ombragent pas trop leurs yeux. Souvent aussi, les cochers revêtent de paille le manche de leurs fouets, lorsqu'ils poussent à la voiture les animaux qui se plaignent de la fatigue qu'ils éprouvent.

La paille a quelquefois procuré la liberté aux captifs. Un voleur, après avoir réfléchi nuit et jour sur les moyens de s'échapper pendant les ténèbres, s'arrête enfin à celui-ci. D'abord il forme un fort lien avec un tissu de paille, qu'il ajoute à la corde que l'imprudent géolier a laissée au sceau d'eau qu'il apportait au prisonnier. Ensuite il la pend à sa fenêtre, dans le dessein de confier son corps pesant à l'instrument fragile, au moyen duquel il doit se couler en bas. Dès que le cable est devenu trop court, il l'allonge avec sa corde, y attache une pierre au bout, et s'assure par le tact si elle va jusqu'en bas. Alors, embrassant de ses mains déchirées et sanglantes le cordon de paille qu'il a tissu, il vole dans les airs, et parvenant enfin à terre, il franchit les murailles les plus prochaines de sa prison, et s'arrache ainsi au gibet qui lui était destiné. Tant est grand dans tous les êtres l'amour de la vie et le desir de la conserver.

Le bas peuple, en célébrant le carnaval et les fêtes de Bacchus, atteste combien est grand l'usage de la paille, dans les combats. Se couvrant d'un bouclier de paille, au lieu d'un bouclier de fer, et le mettant sur ses épaules, pour se garantir des coups et des blessures, il livre de joyeux combats à coups de thyrses ; alors, attentif aux préludes du combat, chacun s'y préparant, offre à l'adversaire qu'il provoque une couronne de *paille*, attachée au bout de son arme, et que le vainqueur devra porter comme un monument de son triomphe.

Le chantre de Mœonie nous en offre aussi un exemple, lorsque dans son poëme immortel, il décrit le combat cruel des Rats et des Grenouilles, et les grands préparatifs qui se font de part et d'autres. « Un cercle radieux de paille, » dit-il, environnait d'un industrieux » tissu l'extrémité de leurs vêtemens». De même, ce courtisan de César à qui l'on avait reproché son luxe trop insolent, et feignant une modération peu commune, une mise simple, après avoir porté une tunique bordée d'or, ne porta plus depuis lors qu'une tunique cousue avec ce fil méprisable que l'on tire des entrailles de la paille, ornement ridicule qui sert de jouet aux bouffons des tréteaux.

Nous devons présumer que la paille entra pour beaucoup dans l'habit que porta Caïn, lorsque nos premiers parens, dans l'origine du monde, résolurent d'offrir en expiation, des sacrifices à l'Etre suprême. Tous marchaient en ordre avec des vêtemens propres, Caïn seul, mal vêtu et couvert d'un tissu de paille et de foin, très-sale, s'avançait, lançant de travers des regards obscurs et terribles, et montrant un visage enflammé par la jalousie et le courroux ténébreux.

Lorsque les Gaulois s'insurgèrent contre leur souverain, et favorisèrent Hugues qui, rebelle au grand Othon, dirigeoit ses armes parjures et cruelles contre les phalanges Teutoniques, ce dernier mettant toute sa confiance en Dieu et toujours inébranlable, dit qu'il voulait n'opposer à ses ennemis que des chapeaux de paille. Il faut avouer que les gaulois n'en avaient jamais vu de semblables. Aussitôt, il ordonne à ses soldats de couvrir leurs têtes avec des casques *de paille*; la ruse réussit : il mit en fuite Hugues dans les champs qu'arrose la Seine; vainqueur, il donne à Louis, son parent, le royaume Celtique, et prouve dans cette occasion qu'il ne craignait pas tant les lances gauloises, que le soldat couché à l'ombre ne redoute les rayons du soleil.

La paille préserve encore les gens de la campagne, des rigueurs du froid, lorsqu'ils en remplissent leurs sabots; les charretiers en remplissent aussi leurs voitures et s'y asseyent en ayant jusqu'aux genoux. Dans l'été, ils se servent d'un chapeau de paille, pour se mettre à l'abri des rayons du soleil, et de l'ardeur de la canicule. Ce chapeau économique garantit leurs têtes des vapeurs suffisantes qu'exhale un ciel embrasé.

C'est sur des lits de paille que l'on enfouit dans les jardins les fruits naissans et les germes des arbres pour les préserver du froid; c'est ce que l'on appelle *couche*. Souvent aussi, on s'en sert pour maintenir et garder dans une température tiède, les friandises et les confitures. Les cultivateurs entourent aussi d'une couronne de paille le tronc des arbres, afin que le vent du nord ne brûle pas leurs rameaux faibles encore, pendant la durée des frimats rigoureux. Rappellerai-je ces fosses couvertes d'une paille trompeuse, ces pièges cachés où l'on prend les oiseaux et les loups auxquels l'aridité d'un long hiver donne une faim inextinguible ? Tandis qu'au milieu de la nuit, l'animal erre dans les forêts qu'il remplit de ses hurlemens, en roulant ses yeux étincelans au milieu des ténèbres, il cherche inutilement dans les fentes de la terre, si quelque plante s'offrira pour le repaître; tout-à-coup, un oiseau remue les aîles et vole d'un autre côté; tandis que le loup, la gueule entr'ouverte, guette sa proie, s'appuyant fortement sur la paille, il la creuse, elle cède, et il tombe au fond de la fosse. Alors, tout penaut de se trouver pris au trébuchet, il s'adoucit, sentant qu'il va payer de sa peau, une proie qu'il n'a pu atteindre encore.

Les cultivateurs ont coutume de ceindre leurs champs de cordons et de liens de pailles, ainsi que de cloches de verre, qui servent à épouvanter les animaux, parce que pour peu qu'on les touche ou que l'air les remue, les animaux s'enfuyent aussitôt hors des champs.

Quelquefois aussi, on figure dans les prés ou dans les jardins un gardien vigilant et muet, qui inspire la terreur aux animaux, et les empêche de nuire à la récolte, en dévorant les grains, parce qu'il semble empêcher par sa présence, ce que réellement il ne saurait empêcher.

Le moissonneur se sert de paille humide pour faire des cordons avec lesquels il lie les gerbes desséchées aux rayons du soleil. C'est de là qu'on a imaginé de faire toutes sortes de liens avec de la paille, lorsque les autres nous manquent.

On lie avec eux la vigne au palmier, afin que le pampre tienne les raisins mûris à l'abri du vent, ou bien on dresse une perche que l'on attache avec les scions les plus tendres et les plus flexibles de l'osier.

C'est avec la paille teinte en diverses couleurs, que l'on tresse des nattes qui nous servent de siéges, quand nous sommes fatigués, et les chapeaux de la beauté.

L'échanson coupe un morçeau de chalumeau de paille, pour goûter le vin, sur l'extrémité du vase, sans avoir besoin d'y porter les lèvres et le né. Le vin aspiré par l'attraction de l'air, s'élève goutte à goutte jusqu'à la bouche. Ce stratagême ingénieux fut découvert jadis par un valet de Piérius.

Cet homme, tandis que son maître était hors de chez lui, buvait ainsi le vin, et pour que la diminution de la liqueur ne le trahît point, il jettait de petites pierres qui, en tombant au fond du tonneau faisaient remonter la liqueur et comblaient l'espace qu'il avait vuidé. Mais le tonneau fut bientôt plein, parce que le valet lui avait fait de trop fréquentes visites; le maître examinant un jour l'état de sa cave, s'apperçut que ce tonneau frappé rendait un son plus sourd que les autres; il fit tapage et le valet buveur, ayant pris la fuite pour se soustraire à la juste punition de son infidélité, découvrit le motif de cette pétrification du vin. (1)

C'est par ce moyen que boit frugalement et goutte à goutte, celui qui sent que sa boisson est trop froide et lui glace les dents et les gencives. Lorsqu'on donne aux enfans altérés une boisson trop chaude dans un vase de métal, ils écartent en soufflant avec une paille, le

(1) Les voituriers de la route de Bourgogne, de Champagne, d'Orléans, ect. feraient un bien moindre mal, si après avoir régalé eux et leurs amis pendant une très-longue route, ils employaient le stratagême de ce valet, au lieu d'y mettre de l'eau.

nouillon de cette liqueur, de peur que ce contact trop subit ne leur brûle la langue et le palais. Ajoutez qu'ils trouvent un amusement à boire et souffler, en buvant.

() C'est encore avec la paille, que le boucher, lorsqu'il n'a point de plume, remplit d'air la vessie de l'animal qu'il vient d'égorger : en y insérant des fêves, il s'en sert pour effrayer par le bruït qu'il fait en l'agitant, les chats gourmands qui rodent autour de sa marchandise (1).

Parlerai-je de ces bouquets de paille torse que les écoliers sont obligés de

(1) C'est avec de la paille qu'on enfle ces vessies, dont on forme les ballons que la belle jeunesse de Paris fait voler, au milieu des Champs Elysées, et prépare ses membres aux exercices de Bellonne, en se procurant la souplesse et la vigueur que donnent les jeux gymniques, bien préférables à la dangereuse science des cartes et des dominos, qui occupent et ruinent les oisifs de nos cafés. (*Note du traducteur*).

porter, en signe de punition, lorsque dans un jour de fête, ils n'ont point porté, comme leurs camarades, des bouquets de fleurs, pour célébrer la fête du printems. C'est un avis salutaire qu'on leur donne sous cet emblême, qu'il faut employer leur jeunesse, comme une fleur, en mettant à profit les courts instans de son règne. (1)

A-t-on arrondi la roue d'une voiture, on cuit la poix liquide dont on fait un oing; lorsqu'elle est cuite, on la retire du feu, et pour la faire refroidir, on assied la chaudière bouillante sur de la paille, pour que le fond qui ressort ovalement puisse rester immobile.

Lorsque le pâtissier fait cuire un pâté, qu'il a rempli l'intérieur de viandes hachées, il le met à terre, lorsqu'il est cuit, le posant sur la paille, jusqu'à ce que le souffle de l'air l'ait réfroidi.

Le paysan, lorsqu'il coud un sac ou

(1) Cérémonie qui se pratique dans les colléges et les universités de l'Allemagne.

une

une bourse de cuir, la double de paille, afin qu'elle soit plus commode à recevoir de l'argent ; il arrive de là qu'elle paraît lourde et enflée aux yeux des demoiselles, tandis qu'elle est réellement légère ; le beau sexe les trouve souvent grosses de paille, après les avoir crues chargées de numéraire.

La peau que met de côté le cuisinier, lorsqu'il a écorché une anguille, sert aux enfans, lorsqu'elle est sèche : ils en font un fouet, en la coupant par lanières, et au printems, ils agitent avec ce fouet et font rouler une toupie docile aux coups qu'elle en reçoit.

Le pelletier, dépouillant un lièvre, place la peau de l'animal qu'il a remplie de paille, derrière un glayeul : le chasseur qui l'apperçoit et croit voir l'animal endormi, s'approche à pas lents, et tout-à-coup fondant sur lui avec rapidité, le perce d'un trait, veut saisir sa proie, et ne trouve qu'une masse ridicule de chair, abandonnée au jouet des enfans.

Le vendangeur, après avoir foulé les raisins, préparant son pressoir, étend au fond, de la paille et des paniers d'osier couverts. La liqueur nouvellement exprimée, débarrassée de ses grains et de sa lie, tombe par les chalumeaux de paille, et distile ainsi goutte à goutte. C'est de cette manière qu'aujourd'hui une liqueur composée de diverses plantes qu'une eau bouillante dévore, s'écoule lentement par des tuyaux de paille, jusqu'à l'embouchure d'une feuille d'arbre disposée en entonnoir sur un vase. C'est la manière dont on fait chez les citoyens du duché de Guéldres et de Clèves, la boisson d'orge qu'ils prennent à leurs repas, lorsque leur table est couverte de mêts froids. C'est aussi avec de la paille, et avec le même arrangement, que par le mélange des cendres et de la soude, on rend par la lessive, au linge sali, sa primitive blancheur.

Lorsqu'un porte-faix dispose sur ses crochets des marchandises fragiles, il appuye sur de la paille les glaces, verres et porcelaines, pour que le mouvement ne les brise pas, et qu'ils arrivent sans accident, parce qu'il est dans la nature que le mol cède au dur.

Lorsque, sur une charrette, un conducteur veut lier et assujettir un meuble avec des cordes et de forts liens, une botte de paille lui prête un secours assuré qui empêche que le meuble, en éprouvant un choc quelconque, ne reçoive aucun dommage.

Le villageois qui, appuyé sur une roue, construit en l'air un nid pour les colombes, a soin de l'environner de tous côtés d'un mur de paille, pour les défendre, et des serres cruelles de l'épervier, et du souffle glacé de l'hiver. Au dedans, il dispose avec ordre des nids d'osier. Là, lorsqu'au printems ces animaux unissent leurs baisers amoureux, entrelacent leurs becs, et que la femelle pond ses œufs, le mâle ramasse partout de la paille molle, et construit avec ses ongles l'asyle de sa chère famille ; puis l'époux, secondé par son épouse fidèle, l'élève et lui prodigue tour-à-tour, chaque mois de l'année, les soins les plus vigilans.

Tous les oiseaux, aux approches de l'enfantement, construisent ainsi un nid pour leurs petits. La poule, lorsqu'elle enfante, est renfermée dans un vase ténébreux. Quelquefois elle abandonne au cultivateur les œufs qui ne viennent que de naître, lorsqu'elle voit qu'ils ne sont nés que pour lui.

C'est avec de la paille que le laboureur construit dans les jardins des alvéoles pour ses abeilles, afin qu'en moissonnant les sucs des fleurs, elles remplissent de cire et de rayons leurs murailles revêtues de pailles,pour l'usage des hommes.

Lorsqu'il veut faire cuire dans une chaudière, le cidre qui est sa boisson ordinaire, il se sert de paille, au lieu de bois, et la cendre que produit ce feu économique devient dans ses champs un engrais précieux.

L'aveugle suspertition n'a-t-elle pas ordonné elle-même, au nom de la religion, l'usage de la paille, dans les cérémonies sacrées de nos temples ! Ne voit-on pas, la tête nue et le corps revêtu d'une étole blanche, le prêtre aux yeux des spectateurs, faire un bouquet de paille, dont il a ôté les grains, le plonger dans un vaisseau plein d'eau bénite, dont il arrose généreusement la dévote sequelle, qui avance plutôt du côté du tartare que de celui du paradis !

Cette aspersion est plus utile, lorsque la servante, prenant une poignée de paille, nétoye pendant la nuit avec vigilance les plats et les chaudrons, en y employant de la cendre fine, et rend l'éclat et la propreté à tous les ustensiles enfermés dans la cuisine.

La paille fût encore plus utile à l'épouse du fils d'Isaac, lorsque Rachel ayant volé les idoles de son père Laban, elle les cacha dans un monceau de paille, tandis que celui-ci feignait d'être malade, pour écarter les soupçons.

Je ne vous passerai pas non plus sous le silence, instrumens qui répétez les chansons agrestes des habitans des hameaux, vous qui êtes les émules des violes résonnantes, et qui formez une réunion de tuyaux de diverses longueurs, vous auxquels jadis Pan, lui-même, ou le Berger Tytire, enseignèrent à moduler des chansons nouvelles.

Souvent dans les carrefours, au tems de la moisson, lorsque l'enfant n'a point de flageolet, il enfle des chalumeaux de paille, et frédonne maladroitement des sons tremblans et criards.

Souvent même (ce que l'on aura de la peine à croire), lorsque les os d'un bœuf ont été mis sous le couteau, vous les voyez qui se séparent, légèrement frappés avec une poignée de paille; tant il est vrai que la force de la nature est quelquefois vaincue par la foiblesse même de l'art, et que l'habileté du coup provoque seule la rupture.

Sur la fin de l'été, lorsque tout est mûri par la chaleur, le laboureur lacère la cosse des pois, qu'il a brûlée avec de la paille, les nétoie, les vanne, pour en ôter la poussière, et réduit ces grains en une liqueur qui, goûtée les jours de fête, enlumine le visage obscurci des buveurs, et irrite gaîment leur soif, à mesure qu'ils vuident leurs coupes.

Souvent dans un champ stérile, le cultivateur allume de la paille legère, et brûle les sillons infertiles, pour donner à la terre des forces nouvelles, en réchauffant ses entrailles; et engraisser les prairies; ou pour que la chaleur attirant au dehors l'humeur nuisible et mal-faisante, la cuise, purifie le sol, et le rende plus favorable aux plantes et aux productions du climat.

Lorsqu'une mère veut baigner son enfant nouveau-né, après l'avoir couché dans le bain rempli d'eau tiède, elle appuie sa tête par une couronne de paille qui lui tient le cou élevé, lui donne une position commode, et lui fournit tous les moyens de remuer à son aise ses petits pieds dans les eaux qu'il agite.

Les jeunes filles des provinces françaises, voisines de l'Autriche et de l'Allemagne, mettent sur leur tête un coussin rempli de paille, afin d'avoir toujours le col droit, lorsqu'elles portent des vases remplis d'eau; elles épargnent par ce moyen leurs épaules.

Le porte-faix qui, courbé sous le fardeau, baisse son dos affaissé et ses hanches comprimées, appuie ses côtes sur un cercle de paille, et prudemment évite les douleurs que sa charge pourrait lui occasionner.

Lorsque le fondeur modèle la forme qu'il veut donner à ses vases, il frotte avec de l'argile une corde solide, formée de paille torse, et laisse tout autour un espace égal. Il en couvre encore la seconde superficie du dehors, et selon que le vase doit avoir de capacité : il l'expose au soleil pour qu'il s'endurcisse, jusqu'à ce qu'il l'en retire. Alors il coule dans l'espace vuide le métal liquéfié, après avoir disposé par terre une longue file de ces mêmes vases.

Lorsque du tronc d'un orme, on a fait une roue et un axe composé de rayons flexibles, l'ouvrier les durcit en les environnant d'un feu de paille, afin que l'humidité ne les fasse pas se déjetter.

A Sala, auprès duquel coule l'Ilmuz, est un lieu du même nom, où un ruisseau vient mêler des eaux étrangères au fleuve, qui nuiraient à la cuisson du sel ; mais on les divise par le moyen d'une machine, et c'est à la paille que l'on a recours pour cela : voici comment. Des tapis tissûs de voiles de paille, suspendus en plein air, sont exposés aux vents, afin que l'eau pesante qui en est enlevée altère l'humidité, tandis que la partie légère s'évapore et s'exhale dans les airs. La partie qui a le goût de la terre distile petit à petit dans des vases de sel placés au-dessous, ce qui amène à un moyen plus sûr de cuire le sel, en économisant le bois.

Le berger, dans les champs, dresse sa cabane et son lit, qu'il couvre de paille, soit que pendant l'hiver, il garde ses troupeaux la nuit, soit qu'il change de pâturages, lorsque celui où il est ne lui offre plus aucune nourriture.

Les gueux de profession, qui courent toute l'année les foires, pour assouvir leur débauche aux dépens des gens crédules, se servent aussi de la paille pour construire une cabane, à la porte de laquelle ils se placent, en contrefaisant toutes sortes de maladies, et demandant hardiment l'aumône aux passans, avec un mélange de prières et d'injures. A peine la multitude fait-elle attention à leurs grimaces.

Etes-vous à la campagne? si sans

cadran, vous voulez savoir l'heure, voyez l'astronome instruit, il prend un tuyau de paille, le tourne du côté du Soleil, il dispose sa main d'une certaine manière, et par l'ombre que font ses doigts, il juge quelle heure il peut être.

Si le chymiste qui veut purifier une liqueur, n'a pas un vase d'airain pour la passer à clair; il se sert d'un tuyau de paille, à l'aide duquel la liqueur est distilée goutte-à-goutte, comme avec une cornue.

Lorsque l'hyver a répandu sur le pavé un verglas perfide, sur lequel le pied le plus assuré chancelle, on répand dans les rues une couche de paille brisée, ou de fumier, pour garantir les citoyens des chûtes dangereuses et trop fréquentes. Le même moyen s'emploie plus utilement pour empêcher que le bruit retentissant des chars qui roulent pesamment sur le pavé, n'ébranle trop vivement les organes faibles du riche souffrant, qu'une opération douloureuse met à deux doigts de la mort.

Lorsque le souffle de nivôse, arrêtant la course des fleuves, permet de les traverser à pied sur un crystal solide, on couvre leur surface avec de la paille, qui les épaissit et les endurcit encore, de peur que les chariots en les traversant, ne fassent rompre la glace sous leur charge trop forte.

Lorsqu'une femme est occupée à filer, pendant les longues soirées de l'hyver, elle tourne quelquefois au bout de son fuseau quelques brins de paille, de peur que la pointe ne blesse par hasard quelque main imprudente.

C'est par la même prévoyance que le marchand de faulx et de faucilles, enveloppe de paille leur tranchant, lorsqu'au tems de la moisson il les expose au marché.

Lorsque le fermier rassemble en un monceau ses grains, séchés par le soleil, et veut les garantir de la pluie, il place sur

sur sa meule une couverture de paille, faite en forme de chapeau, afin qu'en ôtant la paille, il conserve pour l'hyver de quoi nourrir ses chevaux.

Fatigué de rechercher tous les avantages de la *paille*, j'ai dit à quoi elle servait le plus communément. J'ai démontré que la paille est partout, j'en ai donné des preuves multipliées; mais faire une énumération complette de tous les usages auxquels elle est propre, ce ne serait pas l'ouvrage d'un seul homme, et celui même d'une année. Quand même j'aurois les cent yeux d'Argus, quand je posséderais mille langues, quand j'aurais l'éloquence de Virgile, je ne pourrais y réussir. On compterait plutôt les grains de sable répandus sur les bords de l'Océan, les épis qui naissent sur la surface du globe entier, les grains renfermés dans ces épis, et les feuilles éparses dans les forêts à l'approche de l'hyver.

O hommes! apprenez à respecter les

bienfaits inestimables de Dieu, ses présens variés à l'infini, et propres à tant d'usages différens dans la vie; présens dont les moindres en apparence nous démontrent à chaque instant la toute-puissance de l'Etre suprême et sa bonté toujours infinie.

## SUPPLÉMENT

*Par le Traducteur.*

### ROMPRE LA PAILLE.

On dit ordinairement *rompre la paille*, quand il s'agit de vuider un différend et de se brouiller. Molière, dans son Dépit amoureux, fait ainsi parler Gros-René :

Pour couper tout chemin à nous rapatrier,
Il faut rompre la paille ; une paille rompue
Rend, entre gens d'honneur, une affaire conclue.

. . . . . . . . . . . . . . . . . . . . .

Romps, voilà le moyen de ne plus s'en dédire.

Ce proverbe vient de ce que chez les

Gau'ois et ensuite chez les Romains, la prise de possession d'une terre se faisait en donnant une houssine d'aulne, ou un *festu*, un *brin de paille*, ce qu'on appellait *infestucation seigneuriale*. *L'exfestucation* ou dépossession se faisait en rompant un brin *de paille*. La cession se faisait en mettant une *paille* rompue sur le seuil de la porte ; ce qu'on appellait *chrenecruda per durpillum et festucam ; cession par le seuil et par la paille*.

La paille n'a pas toujours été dans le discrédit où elle est tombée de nos jours : nos aïeux prenaient leurs repas, assis sur du foin, ayant devant eux des tables fort basses. Dans la suite, les Romains, devenus plus délicats, approchèrent de ces tables des espèces de lits, garnis de coussins ; bientôt, à ces lits, succédèrent des bancs, que l'on couvrit d'un tapis pour les rendre moins durs, d'où s'est formé le mot *banquet*. L'usage de ces bancs ne fit pas abandonner celui de la paille. On l'étendit dans les

L 2

appartemens, comme nous faisons aujourd'hui nos nattes et nos tapis, pour garantir de l'humidité. Les lits de paille furent trouvés si sains et si agréables, que l'on en mit jusques chez les Grands. On lit dans l'histoire, que Philippe-Auguste fit don à l'Hôtel-Dieu de Paris de toute la paille qui servirait dans son palais.

Les écoliers jadis étaient assis sur la paille, dans les premières écoles, avant l'usage des bancs.

On dit d'un fournisseur de la république, d'un *Lombardeur*, ou d'un chef d'une *Caisse de négoce*, c'est-à-dire, d'une maison de prêt sur nantissement, enfin, de tout fripon qui est devenu riche en peu de temps, *qu'il a mis bien de la paille dans ses souliers.* Que de gens dont on peut dire aujourd'hui : *habet fænum in cornu.*

On dit d'un prodigue, d'un homme qui fait une grande dépense : *tout y va, la paille et le bled.*

On appelle un homme de *paille*, l'homme sans moyen, qui se présente pour caution, qui prête son nom pour un salaire quelconque.

On dit, en sens contraire, d'un homme qui est fortuné, et dans un bon poste, *il est à la paille jusqu'au ventre, jusqu'aux yeux.*

On dit de plusieurs personnes qui se sont impatronisées dans une maison, et qui font bonne chère aux dépens du maître : *ils sont joyeux comme des rats en paille.*

On dit d'une chose excellente, qu'elle *lève la paille*, par allusion à l'ambre, dont l'approche attire et fait lever une paille.

On tire à la *courte-paille* quand un choix est difficile, pour que le hazard seul donne l'avantage ou la mauvaise chance.

On dit *jetter la paille au vent*, quand incertain de sa route, on se règle sur la direction que le vent donnera à la paille, pour se promener.

On dit de tout sentiment, de toute passion bien vive, et qu'on ne juge pas devoir durer long-temps : *Ce ne sera qu'un feu de paille.*

Pour exprimer qu'on ne croit pas qu'une chose réussisse, on dit : Si cela se fait, *une croix de paille.* Aussi, dis-je, en ma qualité d'auteur : Si je deviens jamais riche, *croix de paille.*

On disait en jurisprudence féodale, qu'un seigneur *de paille* mange un vassal de fer, pour signifier qu'il peut consumer tout son fief par des saisies féodales.

On dit : cheval *de paille*, cheval de bataille, cheval d'avoine, cheval de peine, cheval de foin, cheval de rien.

On menace un prisonnier mutin de lui faire *fouler la paille*, pour dire qu'on le mettra au cachot.

Les moralistes comparent la faiblesse humaine à la paille légère qui est emportée par le vent.

On dit, en terme de guerre, faire

font le noir, en y mêlant un peu *d'æs ustum.* Les *pailles* sont encore les inégalités, crévasses ou variétés de couleur qui se rencontrent dans les marcassites, ou pierres de mine; les défauts qui se trouvent dans les pierres précieuses, une espèce d'obscurité, de nuée, qui ternit leur éclat. Les pailles et les gendarmes, sont la même chose que *glace* et *surdité.*

N'oublions pas que les belles immortalisent un *carlin*, un *perroquet*, un *serin*, etc. en les faisant empailler.

On a fait sur la paille l'énigme suivante:

J'ai brillé noblement dans une vaste plaine,
Où s'agitait ma tète avec fierté:
Mais battue et captive ai-je lieu d'être vaine?
A l'homme encor, dans ma légèreté,
Je suis cependant nécessaire,
Et plus d'un sans moi ne dort guère.
Bien des enfans m'admettent dans leurs jeux,
Je suis longue, sèche et menue,
Pour certains scélèrats mon aspect est affreux;
Sur moi souvent mainte fête s'est vue,

(On n'est pas difficile aux champs comme à
la cour ).

Mon nom souvent se donne au feu d'un fol
amour.

*Par un Grainier de la rue de la Mortellerie, à Paris.*

## *Fin de l'Eloge de la Paille.*

---

## *NOTE sur les morceaux suivans.*

Les sept morceaux suivans de Damas et d'Adrien Blyenburg, sont extrêmement rares.

Il est d'autant plus nécessaire de les faire connaître, que cela nous donne occasion d'indiquer aux amateurs de la vraie littérature, et aux jeunes poëtes qui cherchent des morceaux à traduire, l'intéressant recueil que Blyenburg a publié sous le titre de : *Apicula Batava, sive horti amoris mellificium, ex fragrantissimis C. L. plus minus optimorum ac præstantissimorum flosculis, nuper à florilego Batavo, summo studio industriâque congestum. Amstelredami, ap. Joann. Janssenium Bibliopolam, in plateâ vitulinâ.* 1613, in-8°.

Voyez encore : *Veneres Blyenburgicæ, sive amorum hortus, in quinque areolas divisus et fragrantissimis* 148 *celeberrimorum poëtarum flos-*

*culis refertus*, *operâ Dam. Blyenburgi*, *Batavi. Dordraci. Is. Caninus*, 1600 *in*-8°. (Voyez le catalogue de la bibliothèque du Roi, 2e. volume des Belles-lettres, page. 411.

Outre les 148 poëtes célèbres dont les poésies ornent ce recueil ; il y en a 7 d'anonimes.

Nicolas Bourbon y occupe aussi une bonne place. (Voyez l'édition que j'en ai donnée en 1 vol. in-8°. petit pap. velin, chez le même libraire.)

Ce dernier poëte, dont le poëme de LA FORGE (*Ferraria*) faisait les délices du grand Erasme, fut imprimé en 1533, chez *Michel Vascosan*, en 1 vol. *in*-12. Il manque absolument à la collection des poëtes latins, édités par les citoyens B*arbou*, *Didot*. *Renouard et Molini*, car il faut bien se garder de le confondre avec un autre Nicolas Bourbon, son neveu, auteur du fameux distique : *Ætna hic Henrico*, etc. qu'on voyait sur la porte de l'Arsenal de Paris.

# FRAGMENS ÉROTIQUES,

## *Traduits du latin de Dam Blyenburg.*

### A ROSALBA.

O toi, qui es ma vie, je m'éloigne de toi, adieu. Si tu veux, ô ma vie, que je me porte bien, prends bien soin de la tienne. Portes-toi bien, ô mon amie, mets fin à tes larmes et à tes gémissemens; à quoi a-t-il servi que tes joues de roses ayent été inondées de pleurs? Ces flots amers qui ruissèlent de tes yeux sont de mon sang; tes gémissemens sont désormais le seul air qui rafraîchit ma poitrine. Sèche tes larmes, ô ma tendre Rosalba, cesse de gémir; c'est l'unique moyen de prolonger mon existence.

Je m'éloigne, obligé de visiter les lieux où j'ai reçu le jour. O toi qui m'es plus chère que mes yeux, il est donc vrai que je ne te verrai plus : mais je te laisse en partant un ôtage, pour garant de mon amour : c'est mon ame. Daigne la recevoir avec bienveillance. Pourquoi rire ? comme si je ne pouvais vivre sans ame; cesse de t'étonner, seule tu es l'ame de mon ame.

Eh quoi ! ta lettre vient d'arriver dans mon pays, mon oreille désaccoutumée de t'entendre en dévorait la lecture. Tu crois donc que les soucis rongeurs déchirent mes entrailles, et que j'ai souffert mille morts depuis ton absence. Ah ! oui, sans doute, je suis mort mille fois ; il ne reste rien de mon cœur, qu'une ombre légère, une image de la mort. Que de gémissemens j'ai vus empreints sur ta chère lettre ! que de soupirs mes lèvres avides ont recueillis sur elle ! combien j'ai apperçu de lignes effacées par tes larmes ! Hélas ! privé maintenant d'esprit, de sens et de facultés, je regarderais comme un bonheur d'être étendu, comme

un

un tronc inutile et défiguré, sur un vaste écueil. Je voudrais, combattant pour ma religion et mes foyers, avoir laissé ma vie au milieu des combats, et être confondu avec les cadavres sanglans des victimes de la plus glorieuse cause; je n'éprouverais pas aujourd'hui des douleurs si cruelles, ô ma vie, et mon âme ne serait pas navrée de tant de tristesse. Convient-il que tu te plaignes ainsi perpétuellement, et que tu t'épuises en larmes inutiles? Dois-tu, si tu veux que je vive, vouloir visiter l'asile des mânes, le front ceint d'éternelles ténèbres? Qui, moi! que je vivrais sans toi! ô lumière de ma vie! mais vivre ainsi, c'est mourir. Puis-je d'ailleurs exister sans mon âme? Tu es seule cette âme, tu es mon esprit; je respire en toi. Si tu te sépares de moi, je ne suis plus qu'une fumée, une vapeur; je ne suis plus qu'un cadavre. Oui, je descendrai [illegible] au noir tartare, au [illegible] des [illegible] que les yeux des [illegible] Paris.

M. [illegible]

avec toi sur l'onde fangeuse du Stix, dans la fatale barque, nous aborderons ensemble le redoutable palais du monarque infernal. Nous nous présenterons ensemble au tribunal du sévère Radamanthe, et je serai ton défenseur officieux. Je désarmeraï la colère de ce juge implacable, j'intéresserai en ta faveur les juges et les assistans. Tout le cortège des ombres nous applaudira et chacune d'elles briguera notre protection. Ah ! fais mieux, tandis que le destin le permet, livre toi à la douce gaîté, et songe à profiter avec moi, des douceurs d'une existence, hélas ! trop courte. Affermis ton ame, ô mon idôle ! et ne la consumes pas ainsi dans le deuil et dans le désespoir. Hélas ! la route qui conduit au séjour horrible du tartare n'est que trop facile, il est impossible de rétrograder, lorsque le ciel nous y a condamnés. Je t'accompagnerai, plus léger que les zéphirs, je traverserai les espaces, sous la conduite de l'amour. Nouveau

Dédale, je sens des aîles de cire s'adapter à mes épaules; j'aurai la forme de l'aigle puissant, ou le plumage d'albâtre du cygne voluptueux. Déjà, dans mon essor superbe, je plane sur les nuages, et mes aîles battent les astres. Oh! mon amie, quelle somme de jouissances nous attend dans ce séjour! que d'objets délicieux enchanteront nos regards! de combien de voluptés les amours et les graces s'empresseront de remplir nos ames. De combien de caresses, de combien de baisers je savoure l'avant-goût; baisers prolongés de mille manières; alors, de doux entretiens appaiseront le désordre de nos ames, et nous trouverons dans ces épanchemens réciproques un remède à notre blessure. Nous nous raconterons mutuellement nos aventures, nos malheurs, et les témoignages d'une fidélité invincible. Nous nous rappellerons avec ivresse combien de fois, la coupe passant de ma main dans la tienne, nous la vuidions autant de fois qu'il y a de lettres à nos noms, combien de fois nous avons passé les nuits à soupirer, embrassant des illusions tantôt flatteuses, tantôt désagréables, et des fantômes de crainte ou d'espérance. Alors nous rirons ensemble des querelles que nous faisait un rival ou l'autorité, et l'aventure de nos petites fredaines amusera les oisifs et la jeunesse avide des nouveautés.

## A ROSALBA.

Toutes les fois que je me sépare de toi, ô ma vie, je sens mon ame s'arracher avec effort du fond de mes entrailles. Mais toutes les fois que je reviens auprès de toi, je la sens qui s'insinue de nouveau dans mon sein, et me ranime. Oh! que ne peut point l'amour! trop prodigue de l'existence d'autrui, il t'a donné sur moi le droit de vie et de mort.

S'il m'arrive quelquefois, dans un transport de colère, de te maudire, je sens sur-le-champ mon ame abbatue et déchirée. Que je meure si je ne dis pas ce que le cruel amour me force de dire : il m'entraîne et me précipite. Je n'ai pas plutôt proféré ces paroles, que je m'en repens, que le chagrin s'empare de moi, et j'efface ma faute par un torrent de larmes amères : Pourra-t-on le croire ? un feu plus violent consume mon ame, et il me semble que tout mon être fond et se réduit en cendres. Amour, amour, épargne moi, ne fais pas usage de tes flèches ; j'ai bien assez de mon ivresse pour être malheureux.

Mai n'a plus aucun attrait pour moi, Rosalba est absente de ces lieux. Fuyez plaisirs, amoureux caprices, la douleur seule a des charmes pour moi, les larmes et les gémissemens sont ma seule occupation, le seul aliment de mon existence. Je t'abandonne, ô mon amie, tout ce qui dépend de moi, c'est-à-dire, mon cœur, pendant tout le tems qu'une étoile maudite te tiendra éloignée de moi.

## SUR ROSALBA.

Dernièrement, suspendu voluptueusement au cou de mon amante, je savourais le nectar et l'ambroisie, en respirant son haleine parfumée, et tandisque je m'efforçais d'attirer à moi la substance la plus pure de son ame, dans un long baiser de ma langue égarée, je déposai mon ame sur ses lèvres ; ô douce mort ! mille fois plus agréable que la vie ! je cesse un instant de vivre, pour recommencer à vivre avec plus d'activité.

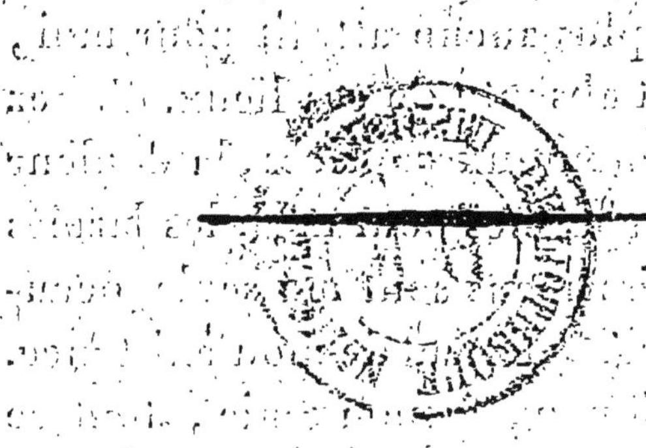